영/어/대/조
스페인어 회화

**CONVERSACION ESPAÑOLA
COMPARADA CON LA INGLESA**

장선영

약력 / 한국외국어대학교 졸업
     마드리드 국립대학교 문학박사
     한국외국어대학교 서반아어 과장
저서 / 독학 스페인어 첫걸음, 실용 서반아어 회화

**영/어/대/조
스페인어 회화**

개정판 6쇄인쇄 / 2010년 4월 15일
개정판 6쇄발행 / 2010년 4월 20일
저 자 / 장선영
발행인 / 서덕일
발행처 / 도서출판 문예림
출판등록 / 1962년 7월 12일 제2-110호
주 소 / 서울 광진구 군자동 1-13 문예하우스 101호
전 화 / 02) 499 - 1281~2
팩 스 / 02) 499 - 1283
http://www.bookmoon.co.kr   Email:book1281@hanmail.net
ISBN 89-7482-111-7(13770)

■ 잘못된 책은 구입하신 서점에서 교환하여 드립니다.
■ 저자와의 협의에 의해 인지는 생략합니다.

머리말

외국인과 접촉을 하는데 있어서 가장 필요하고 절실한게 회화이다. 그것도 문법에 맞고 정확한 발음을 사용한다면 상대방에게도 좋은 인상을 줄 것이고 이 쪽의 교양 있음을 훨씬 돋보이게 할 것이다. 이러한 이유로 외국어를 배우는 분들은 누구나 할 것 없이 올바른 회화에 특별한 신경을 쓴다. 에스파냐어를 배우는 분들도 이 경우에 있어서는 올바른 회화책을 구하기가 쉽지 않다. 더욱이 근래에 와서 에스파냐 및 라틴·아메리카어국과 여러가지로 접촉이 빈번해 짐에 따라 많은 사람들이 한국을 찾는 경우가 부쩍 늘었다. 이에 문예림 에서는 영어대조 스페인어 회화를 세상에 내 놓으니 올바른 에스파냐어 회화를 배우려고 하는 분들에게 많은 도움이 될 것이다. 한 외국어의 힘을 이용하여 다른 외국어를 연구한다고 하는 것은 흥미 깊은 일입니다. 영어 회화를 할 수 있으면서 다시 그 위에 스페인어 회화를 할 수 있다고 하면, 실용상으로나 취미상으로 그 이익은 크다고 하겠습니다. 스페인어 학습자의 대부분의 희망은 빨리 회화할 수 있게 되었으면 하는 것입니다. 그리고 그러한 사람들은 거의 영어를 알고 있습니다. 그러므로, 그 알고 있는 영어를 이용하여 스페인어를 연구하게 될 때, 흥미는 배가(倍加)되는 것입니다.

책 내용을 보아도 일상 생활에 필요한 말들이 골고루 나와 있으므로 이 책을 갖고 당장 에스파냐 나 라틴·아메리카에 가더라도 조금도 불편함이 없게 완벽하게 되어 있다. 특히 우리나라 말로 발음도 쓰여져 있기 때문에 초보자들도 쉽게 배울 수 있으며 한국어·영어·에스파냐어를 대조해 가며 올바른 회화를 배울 수 있다.

1999년 9월
한국외국어대학교 서반아어 과장
장선영

차례

제 1 부 회화편

1. 상용어구(常用語句) · 15
2. 인사 · 21
3. 방문 · 27
4. 날씨 · 36
5. 건강과 병 · 40
6. 병원에서 · 46
7. 치과 병원에서 · 50
8. 시간 · 53
9. 요일의 이름 · 57
10. 연월일 · 60
11. 나이 · 63
12. 거리에서 · 67
13. 자동차에서 · 73
14. 담배 가게에서 · 78
15. 쇼핑 · 82
16. 모자점에서 · 87
17. 양화점에서 · 92
18. 양복점에서 · 98
19. 이발소에서 · 103
20. 우체국에서 · 106
21. 시계점에서 · 112
22. 문방구점에서 · 116
23. 은행에서 · 120
24. 호텔에서 · 124
25. 음식점에서 · 134
26. 식탁에서 · 141
27. 사진관에서 · 147

28. 전화	· · · · · · · · · · · · · · · · · ·	152
29. 기차여행	· · · · · · · · · · · · · · · · · ·	160
30. 배여행	· · · · · · · · · · · · · · · · · ·	168
31. 항공여행	· · · · · · · · · · · · · · · · · ·	176
32. 세관에서	· · · · · · · · · · · · · · · · · ·	183
33. 네 계절	· · · · · · · · · · · · · · · · · ·	188
34. 음악회에서	· · · · · · · · · · · · · · · · · ·	195
35. 댄스	· · · · · · · · · · · · · · · · · ·	199
36. 수영	· · · · · · · · · · · · · · · · · ·	204

제 2 부 단 어 편

1. 기수(基數)	· · · · · · · · · · · · · · · · · ·	211
2. 서수(序數)	· · · · · · · · · · · · · · · · · ·	216
3. 날짜	· · · · · · · · · · · · · · · · · ·	218
4. 달이름(月名)	· · · · · · · · · · · · · · · · · ·	219
5. 요일(曜日)	· · · · · · · · · · · · · · · · · ·	220
6. 네계절(四季)	· · · · · · · · · · · · · · · · · ·	221
7. 때(時)	· · · · · · · · · · · · · · · · · ·	222
8. 사람(人)	· · · · · · · · · · · · · · · · · ·	225
9. 인체(人體)	· · · · · · · · · · · · · · · · · ·	228
10. 병(病)	· · · · · · · · · · · · · · · · · ·	233
11. 집(家)	· · · · · · · · · · · · · · · · · ·	235
12. 실내(室內)	· · · · · · · · · · · · · · · · · ·	237
13. 요리(料理)	· · · · · · · · · · · · · · · · · ·	238

14. 과일(果物) · 240
15. 음료(飮料) · 241
16. 복장(服裝) · 242
17. 신발 · 243
18. 문방구(文房具) · · · · · · · · · · · · · · · · · · 245
19. 색(色) · 247
20. 타는 것(乘物) · · · · · · · · · · · · · · · · · · · 249

♣ 부 록

스페인어 발음에 대해

주 의

 이 책에서 발음에 토를 다는 데 있어서는 악센트 있는 곳에 고딕 활자를 쓴다든지 (-)표를 한다든지 하지 않았습니다. 독자는 이 책에 의해서 회화를 연습하기에 앞서 이 책 부록에 있는 발음대요(發音大要), 특히 악센트부를 숙독(熟讀)하여 외어두기 바랍니다. 스페인어의 회화에서 가장 중요한 점은 악센트로서, 악센트 잘못 때문에 의사소통이 안되는 경우가 종종 있으니, 이점 유의하시기 바랍니다.

제1부
회화편

1. 상용어구(常用語句)

우리말 / 영어
(Common expressions)

스페인어
(Expresiones usuales)

김씨 (김군)
Mister Kim. (Mr. Kim)

El Señor Kim. (Sr. Kim)[1]
엘 세뇨르 김

김씨 (김부인)
Misess Kim. (Mrs. Kim)

La Señora de Kim. (Sra. de Kim)[2]
라 세뇨라 데 김

김씨 (김양)
Miss Kim.

La Señorita Kim. (Srta. Kim)[3]
라 세뇨리따 김

예 (그렇습니다)
Yes, sir. (Yes)

Sí, señor. (Sí)
씨 세뇨르 씨

예 (그렇습니다)
Yes, madam. (Yes)

Sí, señora. (Sí)
씨 세뇨라 씨

아니오 (그렇지 않습니다)
No, sir. (No)

No, señor. (No)
노 세뇨르 노

아니오 (그렇지 않습니다)
No, madam. (No)

No, señora. (No)
노 세뇨라 노

그렇고말고요.
Certainly.

Ciertamente.
씨에르따멘떼

---

1. 한 사람의 남자에 대해서.
2. 한 사람의 기혼부인에 대해서.
3. 한 사람의 미혼여자에 대해서.
[주의] 복수(複數)일 때는, 각기 señores, señoras, señoritas로 된다. 부를 때는 el, la를 안 붙인다.
세뇨레스 세뇨라스 세뇨리따스   엘 라

그렇습니다. (좋습니다)   **Bien.**
That's right.   비 엔

좋아!   **Bueno. (Conforme)**
All right.   부 에 노 꼰 퍼 르 메

그렇습니다 (그말대로).   **Eso es. (Asi es)**
It is so. (You are right)   에 소 에 스 아 씨 에 스

그렇지 않습니다.   **No es así.**
It is not so.   노 에 스 아 씨

어김없이 그렇습니다.   **Tiene usted razón.**
You are right.   띠에네 우스뗏 ᄅ라 손

알았습니다.   **Está bien.**
All right, sir.   에스따 비 엔

기꺼이 하겠습니다.   **Con mucho gusto.**
With pleasure.   꼰 무 초 구스또

나는 그렇게 생각합니다.   **Creo que sí.**
I think so.   끄레오 께 씨

나는 그렇지 않다고 생각합니다.   **Creo que no.**
I do not think so.   끄레오 께 노

설마!   **¡ Imposible !**
Impossible!   임 뽀 씨 블 레

나는 알고 있습니다.   **Lo sé.**
I know.   로 세

나는 모릅니다.   **No sé.**
I don't know.   노 세

내가 말하는 것을 알겠습니까? *Do you understand me?*	¿ Me entiende usted ? 메 엔 띠 엔 데 우스뗏
예, 압니다. *Yes, I do.*	SI, le entiendo. 씨 레 엔띠엔도
아니오, 당신이 말하는 것을 모르겠습니다. *No, I can't understand you.*	No, no le entiendo. 노 노 레 엔 띠 엔 도
내가 말한 것을 알았습니까? *Did you understand me?*	¿ Me ha entendido ? 메 아 엔 뗀 디 도
전혀. *Not at all.*	En absoluto. 엔 압 솔 루 또
실례했습니다. *Excuse me.*	Perdóneme, señor. 뻬 르 도 네 메 세뇨르 (señora, señorita)[4] 세 뇨 라 세 뇨 리 따
괜찮습니다. (아무것도 아닙니다) *That's all right.* *(It doesn't matter)*	No se preocupe. 노 세 쁘레오꾸뻬 (No importa)[5] 노 임뽀르따
틀립니다. (당신은 잘못되어 있습니다) *You are wrong.*	No tiene usted razón. 노 띠에네 우스뗏 ㄹ라손
늦어서 미안합니다. *Forgive me for comming* *so late.*	Dispénseme que llegue tarde. 디 스 뻰 세 메 께 에 게 따르데

---

4. 사람한테 부딪치거나 발을 밟거나 했을때.
5. 남한테서 사과를 받았을 때의 대답.

고맙습니다.
Thank you. (Thanks)

Gracias.
그라씨아스

대단히 고맙습니다.
Thank you very much.

Muchas gracias.
무 차 스 그라씨아스

친절에 감사합니다.
Thanks for your kindness.

Le doy las gracias por su bondad.
레 도이 라스 그라씨아스 뽀르 수
본 닷

당신은 대단히 친절하십니다.
You are very kind.

Es usted muy amable.
에스 우스뗏 무 이 아마블레

편지에 감사합니다.
Thanks for your letter.

Gracias por su atenta carta.
그라씨아스 뽀르 수 아뗀따 까르따

잘 오셨습니다.
Welcome.
(You are welcome)

¡ Bienvenido !
비 엔 베 니 도
(¡ Sea usted bienvenido !)
세아 우스뗏 비 엔 베 니 도

와 주셔서 감사합니다.
Thank you for comming.

Gracias por haber venido.
그라씨아스 뽀르 아베르   베니도

영어 (스페인어)를 하십니까?
Do you speak English (Spanish)?

¿ Habla usted inglés(español) ?
아블라 우스뗏 인글레스 에스빠뇰

조금.
A little.

Un poco.
운 뽀꼬

당신은 아주 훌륭히
말씀하십니다.
You speak very well.

Usted habla muy bien.
우스뗏 아블라 무이 비엔

아무쪼록 좀 천천히 말씀해 주십시오.
Speak more slowly, please.

Haga el favor de hablar más despacio.
아 가 엘 파보르 데 아블라르 마스 데스빠씨오

알겠습니다.
Very good, sir.
(Very well, sir)

Con mucho gusto.
꼰 무초 구스또

놀랐는걸!
What a surprise!

¡ Qué sorpresa !
께 소르쁘레사

정말입니까?
Indeed?

¿ Es verdad ?
에스 베르 닷

오!
Oh, dear!

¡ Ah !
아—

뭐라고요?
What?

¿ Qué ?
께

뭐?
What? (How?)

¿ Cómo ?
꼬 모

뭐라고요?
(무어라고 말씀하셨나요?)
What did you say?

¿ Qué dice ? (¿ Cómo ?)[6]
께 디세 꼬 모

다시 한번 말씀해 주시지 않겠습니까?
Will you please say it again?

¿ Perdón ?
뻬르 돈

이 문장의 뜻을 설명해 주시지 않겠습니까?

¿ Quiere usted explicarme
끼에레 우스뗏 엑스쁠리까르메

---

6. 상대방이 한 말을 되물을 때.

Will you explain me the meaning of this sentence?

el sentido de esta frase?
엘 센띠도 데 에스따 프라세

알겠습니다.
Yes, sir.

Con mucho gusto.
꼰 무초 구스또

대단히 감사합니다.
Thank you very much.

Muchas gracias.
무차스 그라씨아스

천만에 말씀입니다.
(어렵지 않은 일입니다)
Don't mention it.
(It's nothing)

De nada. (No hay de qué)[7]
데 나다   노 아이 데 께

축하합니다!
Congratulations!

Felicidades.
펠리씨다데스

뵈옵게 되어서 대단히 기쁩니다.
I'm very glad to see you.

Me alegro de verle.
메 알레그로 데 베를레

나는 그게 기쁩니다.
I'm glad of it.

Me alegro mucho.
메 알레그로 무초

불쌍하게도!
What a pity!

¡Qué lástima!
께 라스띠마

얼마나 슬픈 일인가!
What a sad thing it is!

¡Qué cosa tan triste!
께 꼬사 딴 뜨리스떼

그건 안됩니다.
That's too bad.

¡Es una lástima!
에스 우나 라스띠마

---

7. 남에게 뭘 해주고 인사를 받았을 때 하는 대답.

2. 인사

우리말 / 영어
(Salutations)

스페인어
(Los saludos)

안녕하십니까 (오전);
안녕히 가십시오.
Good morning.

Buenos días.
부에노스 디아스

안녕하십니까 (오전);
안녕히 가십시오.
Good morning, sir.

Buenos días, señor.
부에노스 디아스, 세뇨르

김씨 안녕하십니까;
안녕히 가십시오.
Good morning, Mr. Kim.

Buenos días, señor Kim.
부에노스 디아스, 세뇨르 김

김씨 안녕하십니까;
안녕히 가십시오.
Good morning, Mrs. Kim.

Buenos días, señora de Kim.[8]
부에노스 디아스, 세뇨라 데 김

김씨 안녕하십니까;
안녕히 가십시오.
Good morning, Miss Kim.

Buenos días, señorita Kim.[9]
부에노스 디아스, 세뇨리따 김

안녕하십니까 (오후);
안녕히 가십시오.
Good afternoon.

Buenas tardes.[10]
부에노스 따르데스

안녕하십니까 (저녁);
안녕히 가십시오.
Good evening.

Buenas noches.
부에나스 노체스

---

8. 기혼부인에 대해.
9. 미혼부인에 대해.
10. 오후의 인사.

편히 쉬십시오; 안녕히 가십시오. *Good night.*	**Buenas noches.** 부에나스 노체스
안녕히 가십시오. *Good-bye. (So long)*	**Adiós.** 아디오스
안녕히 가십시오. *See you later.*	**Hasta luego.**[11] 아스따 루에고
안녕 (다시 월요일에). *See you on Monday.*	**Hasta el lunes.** 아스따 엘 루네스
그럼 몸 성히. *Good luck.*	**Vaya usted con Dios.** 바야 우스뗏 꼰 디오스
여보세요! *Hey!*	**¡ Oigame !**[12] 오이가메
여보세요. *Hello!*	**¡ Oiga ! (¡ Hola !)** 오이가 올라
당신은 S씨 (S부인, S양) 입니까? *Mr. S.(Mrs. S., Miss S.)?*	**¿ Es usted el Sr. S.** 에스 우스뗏 엘 세뇨르 S. **(la Sra. S., la Srta. S.) ?** 라 세뇨라 S., 라 세뇨리따 S. **(¿ Tengo el gusto de** 뗑고 엘 구스또 데 **hablar con el Sr. S. ?)** 아블라르 꼰 엘 세뇨르 S.
예, 그렇습니다. *Yes, sir.*	**Servidor de usted. (SI, señor)** 세르비도르 데 우스뗏 씨 세뇨르

---

11. 얼마 있다가 다시 만나게 되어 있을 때.
12. 남을 부를 때.

아닙니다. 그렇지 않습니다.
No, sir.

No, señor.
노 세뇨르

당신은 B.씨의 부인이
아니십니까?
Are you Mrs. B.?

¿ No es usted la Sra. de B. ?
노 에스 우스뗏 라 세뇨라 데 B.

예, 그렇습니다.
Yes, I am.

Sí, soy yo.
씨 소이 요

처음 뵙습니다.
How do you do?

Tanto gusto de conocerla.
딴 또 구스또 데 꼬노세를라

실례합니다만 자기 소개를
하게 해 주십시오.
Allow me to introduce myself.

Permítame que me presente.
뻬르미따메 께 메 쁘레센떼

나는 박이라 합니다.
I'm Park.

Me llamo Park. (Soy Park)
메 야 모 박   소이 박

건강한 모습을 뵙게 되어
기쁘게 생각합니다.
I'm glad to see you in such a good health.

Me alegro de verle con
메 알레그로 데 베를레 꼰
buena salud.
부에나 살룻

당신에게 경의를 표합니다.
I pay my respects to you.

Servidor de usted.
세르비도르 데 우스뗏

축하합니다.
Congratulations!

Muchas felicidades.
무 차 스 펠리씨다데스
(Enhorabuena)
엔 오 라 부에나

생일 축하드립니다.[13]
Many happy returns of the day.

Feliz cumpleaños.
펠리스 꿈쁠레아뇨스

행복한 새해를 기원드립니다.[14]
I wish you a happy New Year.

Le deseo un felíz y
레 데세오 운 펠리스 이
próspero Año Nuevo.
쁘로스뻬로 아뇨 누에보

양친께 안부말씀을.
Please give my kind regards to your parents.

Recuerdos a sus padres.
ㄹ레꾸에르도스 아 수스 빠드레스

아버님 (어머님)께 안부말씀을.
Remember me to your father (mother).

Recuerdos a su padre (madre).
ㄹ레꾸에르도스 아 수 빠드레 마드레

형제분들께 안부 말씀을.
Remember me to your brothers.

Recuerdos a sus hermanos.
ㄹ레꾸에르도스 아 수스 에르마노스

집안 여러분께 안부 말씀을.
Please remember me to all at home.

Recuerdos a su familia.
ㄹ레꾸에르도스 아 수 파밀리아

안녕하십니까?
Good morning, sir.

Buenos días, señor.
부에노스 디아스 세뇨르

어떠하십니까? (건강)
How are you? (How do you do?)

¿Cómo esá usted?
꼬 모 에스따 우스뗏
(¿Cómo le va?)
꼬 모 레 바

---

13. 남의 탄생일에.
14. 세해의 인사.

고맙습니다. 대단히 건강합니다. 그런데 당신은? *I'm very well, and you?*	**Muy bien, gracias. ¿ Y usted ?** 무 이 비엔 그라씨아스 이 우스뗏
아주 건강합니다. *Very well, thanks.*	**Muy bien, gracias.** 무 이 비 엔 그라씨아스
건강하십니까? *Are you in good health?*	**¿ Está usted bien de salud ?** 에스따 우스뗏 비 엔 데 살 룻
예 건강합니다. *Yes, I am in good health.*	**Sí, perfectamente.** 씨 뻬 르 펙 따 멘 떼
아닙니다, 나는 건강이 좋지 못합니다. *No, I am not in good health. (No, I am not)*	**No, no estoy bien de salud.** 노 노 에스또이 비엔 데 살 룻 **(No, no lo estoy)** 노 노 로 에스또이
그거 안되었군요. *That's too bad.*	**Lo siento mucho.** 로 씨엔또 무 초
어디 가시는 길입니까? *Where are you going?*	**¿ A dónde va usted ?** 아 돈데 바 우스뗏
역으로 숙부를 마중하러 갑니다. *I am going to the station to meet my uncle.*	**Voy a la estación a** 보이 아 라 에스따씨온 아 **encontrarme con mi tío.** 엔꼰뜨라르메 꼰 미 띠오
어디서 오시는 겁니까? *Where is he comming from?*	**¿ De dónde viene él ?** 데 돈 데 비에네 엘
영국 여행에서 돌아오시는 겁니다.	**Regresa de su viaje** ㄹ레그레사 데 수 비아헤

He is returning from his travel in England.

por Inglaterra.
뽀르 잉글라떼ㄹ라

그럼, 다시 뵙시다.
See you again.

Hasta luego.
아스따 루에고

3. 방문

우리말 / 영어
(*Visit*)

스페인어
(La visita)

A.씨는 댁에 계십니까?
Is Mr. A. at home?

¿ **Está en casa el Sr. A. ?**
에스따 엔 까사 엘 세뇨르 아—

예, 계십니다.
Yes, he is.

Sí, señor.
씨 세뇨르

아닙니다, 안계십니다.
No, he is not at home.

No, no está.
노 노 에스따

A.씨를 뵈올 수 있습니까?
Can I see Mr. A.?

¿ **Podría ver al Sr. A. ?**
뽀드리아 베르 알 세뇨르 아—

예.
Yes, sir.

Sí, señor.
씨 세뇨르

A.씨의 부인을 뵈올 수
있습니까?
Can I see Mrs. A.?

¿ **Podría ver a la Sra. de A. ?**
뽀드리아 베르 아 라 세뇨라 데 아—

아닙니다, 부인은 집에
안계십니다.
No, she is not at home.

No, señor. La señora no
노 세뇨르 라 세뇨라 노
está en casa.
에스따 엔 까사

어느 분이십니까?
What name shall I say?

¿ **A quién he de anunciar ?**
아 끼엔 에 데 아눈씨아르

박입니다.
My name is Park.

Me llamo Park.
메 아모 박

명함을 주실 수 없겠습니까?
Will you give me your card?

¿Quiere usted pasarme
끼에레 우스뗏 빠사르메
su tarjeta?
수 따르헤따

주인은 집에 계시지만
바쁘시기 때문에 지금은
만날 수가 없습니다.
He is at home, but he cannot receive you now because he is very busy.

El señor está en casa,
엘 세뇨르 에스따 엔 까사
pero ahora no puede recibirlo
뻬로 아오라 노 뿌에데 ㄹ레씨비를로
porque está muy ocupado.
뽀르께 에스따 무이 오꾸빠도.

내일은 시간이 있습니다.
He will be free tomorrow.

Mañana estará libre.
마 냐 나 에스따라 리브레

아무쪼록 내일 오전중 다시
와 주십시오.
Please call on him again tomorrow in the morning.

Vuelva mañana por la mañana,
부엘바 마 냐 나 뽀르 라 마 냐 나
por favor.
뽀르 파보르

그럼, 내일 찾아뵙겠습니다.
Then I'll come tomorrow.

Entonces volveré mañana.
엔 똔 세 스 볼 보 레 마 냐 나

안녕히.
Good-bye. (See you again)

Hasta mañana. (Adiós)
아스따 마 냐 나   아디오스

조금 기다려 주십시오.
Just a moment, please.

Espere un momento.
에스뻬레 운   모 멘 또

어서 들어오십시오.
Will you come in, please?

Pase usted.
빠세 우스뗏

이쪽으로 오십시오.
This way, please.

Adelante.
아 델 란 떼

기다리시게 해서 미안합니다.	**Perdóneme usted por haberle**
Sorry to have kept you waiting.	뻬르도네메 우스뗏 뽀르 아베를레
	hecho esperar.
	에초 에스뻬라르

방해를 드려서 미안합니다.	**Permítame usted que**
Pardon me for interrupting you.	뻬르미따메 우스뗏 께
	le moleste.
	레 몰레스떼

| 천만에. | **De ningún modo.** |
| *Don't mention it.* | 데 닌군 모도 |

| 앉으십시오. | **Siéntese, por favor.** |
| *Please sit down.* | 씨엔떼세 뽀르 파보르 |

| 어서 앉으십시오. | **Tome usted asiento.** |
| *Please take a seat.* | 또메 우스뗏 아시엔또 |

어제는 집에 있지 않아서 미안합니다.	**Siento mucho no haber**
I am sorry for having been away from home yesterday.	씨엔또 무초 노 아베르
	estado ayer en casa.
	에스따도 아예르 엔 까사

| 방해 되는 게 아닙니까? | **¿ No le molesto ?** |
| *Am I not disturbing you?* | 노 레 몰레스또 |

| 아닙니다, 조금도. | **De ningún modo.** |
| *Not at all.* | 데 닌군 모도 |

당신은 박씨지요.	**¿ Tengo el gusto de hablar**
You are Mr. Park, aren't you?	뗀고 엘 구스또 데 아블라르
	al Sr. Park ?
	알 세뇨르 박

	(Usted es el Sr. Park, ¿no?)
	우스뗏 에스 엘 세뇨르 박　노
그렇습니다.	Sí, señor. Soy Park.
Yes, sir. I am Park.	씨　세뇨르　소이　박
당신은 누구십니까?	¿Cómo se llama usted?
Who are you?	꼬 모　세 야 마　우스뗏
당신은 누구십니까?	¿Con quién tengo el honor
May I ask who you are?	꼰　끼엔　뗀고　엘 오노르
	de hablar?
	데　아블라르
김입니다.	Soy Kim.
I'm Kim.	소이　김
존함은 무엇이라고 합니까?	¿Cuál es su nombre?
What is your name?	꾸알 에스 수 놈 브 레
김이라고 합니다.	Mi nombre es Kim.
My name is Kim.	미　놈 브 레　에스　김
알게 된 것을 기쁘게 생각합니다.	Mucho gusto en conocerle.
I'm glad to make your acquaintance.	무 초　구스또　엔　꼬노세를레
당신과 가까이 할 수 있게 되어 대단히 기쁘게 생각합니다.	Me alegro mucho de conocerle.
I am very glad to make acquaintance with you.	메　알레그로　무 초　데　꼬노세를레

맘 푹 놓으시도록.
Make yourself at home please.

Póngase cómodo.
뽄 가세 꼬모도

이것은 로뻬스씨의 소개장입니다.
This is the letter of introduction from Mr. López.

Aquí tiene la carta de
아끼 띠에네 라 까르따 데
recomendación del Sr. López.
ㄹ레꼬멘다시온 델 세뇨르 로뻬스

로뻬스씨와는 잘 알고 있습니까?
Is Mr. López an acquaintance of yours?

¿ Conoce usted al Sr. López ?
꼬노세 우스뗏 알 세뇨르 로뻬스

예, 그렇습니다.
Yes, he is.

Sí, lo conozco.
씨 로 꼬노스꼬
(Sí, es un conocido mío)
씨 에스 운 꼬노씨도 미오

예, 그는 내 지인(知人)의 한 사람입니다.
Yes, he is an acquaintance of mine.

Sí, es uno de mis conocidos.
씨 에스 우노 데 미스 꼬노씨도스

그는 내 친구의 한 사람입니다.
He is a friend of mine.

Es uno de mis amigos.
에스 우노 데 미스 아미고스

내가 뭔가 도와 드릴 수 있겠습니까?
Can I be of any help to you?

¿ En qué puedo servirle ?
엔 께 뿌에도 세르비를레

부탁 드릴게 있습니다.
I want you to do me a favor.

Quisiera pedirle un favor.
끼씨에라 뻬디를레 운 파보르

31

무어든지 말씀해 주십시오.
I am at your service.

Estoy a su disposición.
에스또이 아 수 디스뽀씨씨온

내가 할수 있는 일이면 뭐든 하겠습니다.
I will do anything I can.

Haré todo lo que pueda.
아 레 또도 로 께 뿌에다

루이스 마르띠네스씨한테의 소개장을 받고 싶은 겁니다.
Be so kind as to give me a letter of introduction addressed to Mr. Luis Martínez.

Tenga la bondad de darme
뗀 가 라 본 닷 데 다르메
una carta de recomendación
우나 까르따 데 ㄹ레꼬멘다씨온
para el Sr. Luis Martínez.
빠라 엘 세뇨르 루이스 마르띠네스

루이스 마르띠네스씨한테의 나를 소개시켜주십사 하는 겁니다.
Will you kindly introduce me to Mr. Luis Martínez?

Quisiera que me presente
끼씨에라 께 메 프레센떼
al Sr. Luis Martínez.
알 세뇨르 루이스 마르띠네스

알겠습니다.
Certainly, with pleasure.

Con mucho gusto, señor.
꼰 무초 구스또 세뇨르

친절에 감사드립니다.
Thanks for your kindness.

Muchísimas gracias por su amabilidad.
무치씨마스 그라씨아스 뽀르 수
아마빌리닷

당신은 친절하십니다.
You are very kind.

Es usted muy amable.
에스 우스뗏 무이 아마블레

고맙습니다.
Thank you.

Muchas gracias.
무치스 그라씨아스

대단히 고맙습니다.
Thank you very much.

Muchísimas gracias.
무 치 씨 마 스 그라씨아스

방해를 드려서 죄송했습니다.
Pardon me for having interrupted you when you had much to do.

Siento mucho haberle molestado.
씨 엔 또 무 초 아베를레
몰 레 스 따 도

그럼 이만 물러가겠습니다.
Allow me to say good-bye.

Permítame marcharme ya.
뻬르미따메 마르차르메 아

실례합니다만 이만 물러 가겠습니다.
I have to go now.

Debo marcharme ahora.
데보 마르차르메 아오라

그리 서두르지 마시고 천천히 가시구료.
Don't be in such a hurry.

No se dé prisa en marcharse.
노 세 데 쁘리사 엔 마르차르세

좀 더 계시면서 말씀이나 하십시다.
Stay a little longer and talk with me.

Quédese un poco más para hablar conmigo.
께 데 세 운 뽀꼬 마스 빠 라
아블라르 꼰미고

고맙습니다만, 오늘은 오래도록 모물 수가 없습니다.
Thank you, but I'm sorry. I can't stay long today.

Gracias, pero no puedo quedarme largo tiempo.
그라씨아스 뻬 로 노 뿌에도
께 다 르 메 라르고 띠 엠 뽀

왜 그리 서두르시는 겁니까?
Why are you in such a hurry?

¿Por qué tiene usted tanta prisa?
뽀르 께 띠에네 우스뗏 딴 따 쁘리사

오후에 사람을 방문하지 않으면 안 되기 때문입니다.

Porque tengo que hacer
뽀르께 뗀 고 께 아세르

*Because I have to make
a call this afternoon.*

오후에 하지 않으면 안될
일이 있습니다.
*Because I've got some
work to do this afternoon.*

그러면 더 이상 만류하지
않겠습니다.
*Then, I'll not detain you
any longer.*

안녕히.
Good-bye.

또 다시 뵙도록 하겠습니다.
See you again.

로뻬스씨에게 안부 말씀을.
*Please remember me to
Mr. López.*

알겠습니다.
All right, sir.

어김없이 그리 전하겠습니다.
I never fail to do it.

뵙게 되어서 기쁩니다.
I am glad to see you.

폐를 끼쳐서 죄송했습니다.
Pardon me for neglecting

otra visita esta tarde.
오뜨라 비씨따 에스따 따르데

Porque tengo muchas
뽀르께 뗀고 무차스
cosas que hacer esta tarde.
꼬사스 께 아세르 에스따 따르데

Entonces no le detengo más.
엔똔세스 노 레 데뗑고 마스

Hasta luego. (Adiós)
아스따 루에고   아디오스

Hasta la vista.
아스따 라 비스따

Recuerdos al Sr. López.
ㄹ래꾸에르도스 알 세뇨르 로뻬스

De su parte.
데 수 빠르떼

Se los daré sin falta.
세 로스 다레 씬 팔따

Me alegro de verlo.
메 알레그로 데 베를로

Perdóneme que no le haya
뻬르도네메   께 노 레 아야

to call on you for so long.

오랜만이로군요.
I've not seen you for a long time.

오랫동안 편지 도리지 못한 것을 용서해 주십시오.
Pardon me for neglecting to write to you for long.

아버님께 안부말씀을.
Remember me to your father.

어머님께 안부말씀을.
Remember me to your mother.

가끔 소식 주십시오.
Please write to me once a while.

visitado durante tanto tiempo.
비씨따도 두란떼 딴 또 띠엠뽀

¡ Tanto tiempo sin verle !
딴 또 띠엠뽀 씬 베를레

Perdóneme no haberle escrito
뻬르도네메 노 아베를레 에스끄리또
por tan largo tiempo.
뽀르 딴 라르고 띠엠뽀

Recuerdos a su padre.
ㄹ레꾸에르도스 아 수 빠드레

Recuerdos a su madre.
ㄹ레꾸에르도스 아 수 마드레

Escríbame de vez en cuando.
에스끄리바메 데 베스 엔 꾸안도

4. 날씨

우리말 / 영어
(Weather)

스페인어
(El tiempo / El clima)

날씨는 어떻습니까?
How is the weather?

¿Qué tiempo hace?
께 띠엠뽀 아 세

좋은 날씨입니다.
It is fine.

Hace buen tiempo.
아 세 부엔 띠엠뽀

오늘은 좋은 날씨입니다.
It is fine today.

Hoy hace buen tiempo.
오 이 아 세 부 엔 띠엠뽀

정말 좋은 날씨로군요.
Nice weather, isn't it?

Hace un tiempo magnífico.
아 세 운 띠엠뽀 막니피꼬

얼마나 좋은 (궂은) 날씨인 것이야!
What a fine (bad) weather it is.

¡Qué tiempo más bueno
께 띠엠뽀 마스 부에노
(malo) que hace!
말 로 께 아 세

궂은 날씨입니다.
It is a bad weather.

Hace mal tiempo.
아 세 말 띠엠뽀

좋은 날씨입니까?
Is it fine?

¿Hace buen tiempo?
아 세 부 엔 띠엠뽀

날씨가 수상쩍군요?
The weather seems uncertain.

Parece que el tiempo está
빠레세 께 엘 띠엠뽀 에스따
incierto.
인씨에르또

요즈음 날씨는 변덕을 잘 부린다. *The weather is very changeable in these days.*	**El tiempo es muy variable estos días.** 엘 띠엠뽀 에스 무이 바리아블레 에스또스 디아스
오늘 아침은 흐려 있습니다. *It is cloudly this morning.*	**El cielo está nublado esta mañana.** 엘 씨엘로 에스따 누블라도 에스따 마 냐 나
비가 올 것 같습니다. *It looks like rain.*	**Parece que va a llover.** 빠레세 께 바 아 요베르
비가 내리고 있습니다. *It's raining.*	**Está lloviendo.** 에스따 요비엔도
비가 좍좍 내리고 있습니다. *It is raining hard.*	**Está lloviendo a cántaros.** 에스따 요비엔도 아 깐따로스
비가 그쳤습니다. *It has stopped raining.*	**Ha escampado.** 아 에스깜빠도
오후에는 비가 내릴겁니다. *It will rain this afternoon.*	**Lloverá esta tarde.** 요베라 에스따 따르데
오늘 밤은 눈이 내릴겁니다. *It will snow tonight.*	**Nevará esta noche.** 네바라 에스따 노체
날씨가 좋아지고 있습니다. *It's going to be fine.*	**Va a hacer buen tiempo.** 바 아 아세르 부엔 띠엠뽀
눈이 내리고 있습니다. *It's snowing.*	**Está nevando.** 에스따 네반도

눈이 땅위에 쌓이고 있습니다.
Snow lies on the ground.

Ha caído mucha nieve.
아 까이도 무 차 니에베

바람이 불고 있습니다.
It's blowing.

Hace viento.
아 세 비엔또

바람이 세차게 불고 있습니다.
It's blowing hard.

Hace mucho viento.
아 세 무 초 비엔또

오늘은 춥습니다.
It's cold today.

Hoy hace frío.
오 이 아 세 프리오

오늘 아침은 춥지요?
It's cold this morning, isn't it?

Hace mucho frío esta mañana,
아 세 무 초 프리오 에스따 마 나 나
¿no es verdad?
노 에스 베 르 닷

오늘은 대단히 덥습니다.
It's very hot today.

Hoy hace mucho calor.
오 이 아세 무 초 깔로르

오늘밤은 후덥지근하다.
It's sultry this evening.

Es sofocante esta noche.
에스 소포깐떼 에스따 노 체

오늘은 선선하다.
It's cool today.

Hace fresco hoy.
아 세 프레스꼬 오이

날씨가 좋아지고 있다.
The weather clears up.

Va a escampar.
바 아 에스깜빠르

일기예보에 의하면 내일은 갭니다.
The weather forecast says it will be fine tomorrow.

Según el pronóstico meteorológico,
세 군 엘 쁘로노스띠꼬 메떼오롤로히꼬
mañana hará buen tiempo.
마 나 나 아라 부엔 띠엠뽀

천등 치고 있습니다.
It's thundering.

Truena.
뜨루에나

때때로 번개가 칩니다.
It lightens from time to time.

Relampaguea de vez en cuando.
ㄹ렐람빠게아 데 베스 엔 꾸안도

벼락쳤습니다.
A thunderbolt has fallen.

Ha caído un rayo.
아 까이도 운 ㄹ라요

우박이 내리고 있습니다.
It's hailing.

Está granizando.
에스따 그라니산도

비가 그쳤습니다.
It has stopped raining.

Ha cesado la lluvia.
아 세사도 라 유비아

5. 건간과 병

우리말 / 영어
(Health and illness)

스페인어
(La salud y la enfermedad)

안녕하십니까.
건강은 어떠십니까?
Good morning.
How are you?

Buenos días, señor.
부에노스 디아스 세뇨르
¿Cómo está usted?
꼬 모 에스따 우스뗏

고맙습니다. 건강합니다.
그런데 당신은?
Quite well, thank you,
and you?

Muy bien, gracias.
무 이 비엔 그라씨아스
¿Y usted?
이 우스뗏

고맙습니다. 나도 건강합니다.
I'm well, too, thanks.

Perfectamente, gracias.
뻬 르 펙 따 멘 떼 그라씨아스

건강 어떠하십니까?
How do you do?

¿Cómo le va a usted?
꼬 모 레 바 아 우스뗏

좋습니다. 고맙습니다.
I am fine, thank you.

Bien, gracias.
비엔 그라씨아스

건강하십니까?
Are you in good health?

¿Está usted bien de salud?
에스따 우스뗏 비엔 데 살 룻

예, 건강합니다.
Yes, I am.

SI, estoy bien.
씨 에스또이 비엔

아닙니다. 나는 성하지
못합니다.
No, I am not.

No, no me encuentro bien.
노 노 메 엔꾸엔뜨로 비엔

40

나는 병중입니다.
I am in poor health.

Estoy enfermizo.
에스또이 엔페르미소

나는 오늘 머리가 아픕니다.
I have a headache today.

Hoy tengo dolor de cabeza.
오이 뗀고 돌로르 데 까베사

나는 배가 아픕니다.
I have a stomach-ache.

Me duele el estómago.
메 두엘레 엘 에스또마고

나는 치통(齒痛)입니다.
I have a toothache.

Me duelen las muelas.
메 두엘렌 라스 무엘라스

나는 목이 아픕니다.
I have a sore throat.

Tengo dolor de garganta.
뗀고 돌로르 데 가르간따

나는 감기 들었습니다.
I have caught cold.

Estoy resfriado.
에스또이 ㄹ레스프리아도

나는 기침이 나옵니다.
I suffer from a slight cough.

Tengo tos.
뗀고 또스

나는 열이 조금 있습니다.
I have a slight temperature.

Tengo un poco de fiebre.
뗀고 운 뽀꼬 데 피에브레

체온을 재었습니까?
Have you taken your temperature?

¿Se ha tomado la temperatura?
세 아 또마도 라 뗌뻬라뚜라

예, 오늘 아침 재었습니다.
Yes, I took it this morning.

Sí, esta mañana.
씨 에스따 마냐나

몇도 였습니까?
How much was it?

¿Cuántos grados tenía?
꾸안또스 그라도스 떼니아

37도 5부였습니다.
It was 37.5 degrees.

Tenía 37.5 (treinta y siete grados y medio).
떼니아 뜨레인따 이 씨에떼 그라도스 이 메디오

몸조심 하십시오.
Take good care of yourself.

Cuídese usted.
꾸이데세 우스뗏

바깥 출입 않는 것이 좋을 것입니다.
You'd better stay at home.

Será mejor que se quede en casa.
세라 메호르 께 세 께데 엔 까사

나는 위가 나쁩니다.
I have something wrong with my stomach.

Tengo mal en el estómago.
뗀고 말 엔 엘 에스또마고

나는 위가 짓누릅니다.
I feel heavy in the stomach.

Siento el estómago pesado.
씨엔또 엘 에스또마고 뻬사도

나는 식욕이 없습니다.
I have no appetite.

No tengo apetito.
노 뗀고 아뻬띠또

안색이 덜좋으신 것 같습니다.
You look pale.

Se ve pálido.
세 베 빨리도

무슨 일이 있습니까?
What is the matter with you?

¿Le pasa algo?
레 빠사 알고

나는 어지럽습니다.
I feel dizzy.

Tengo vahidos.
뗀고 바이도스
(Tengo mareos).
뗀고 마레오스

의사에게 뵈었습니까?	¿ Ha consultado a un médico ?
Have you seen a doctor?	아 꼰 술 따 도 아 운 메 디 꼬

아닙니다, 아직.
Not yet.

No, todavía no.
노 또 다 비 아 노

나는 오늘 기분이 좋습니다.
I feel better today.

Hoy me siento muy bien.
오 이 메 씨엔또 무이 비엔

나는 오늘 기분이 언짢습니다.
I am not feeling very well today.

Hoy no me siento bien.
오 이 노 메 씨엔또 비엔

나는 소화불량을 일으키고 있습니다.
I suffer from an indigestion.

Tengo una indigestión.
뗀 고 우 나 인 디 헤 스 띠 온

과식하신거나 아닌가요?
Perhaps you eat too much, don't you?

Usted comió demasiado, ¿ no ?
우 스 뗏 꼬 미 오 데 마 씨 아 도   노

그럴지도 모릅니다.
May be so.

Probablemente sí.
쁘로바블레멘떼 씨

과식하지 않도록 하십시오, 그리고 적당한 운동을 하십시오. 그러면 곧 나을 것입니다.
Try not to eat too much and take proper exercise. Then you will soon be all right.

Tenga cuidado de no
뗀 가 꾸이다도 데 노
comer demasiado y
꼬메르 데마씨아도 이
haga algún ejercicio.
아 가 알 군 에헤르씨씨오
Así mejorará pronto.
아 씨 메호라라 쁘론또

충고에 감사합니다.
Thanks for your advice.

Muchas gracias por su consejo.
무 치 스 그라씨아스 뽀르 수 꼰세호

아버님께서는 건강하십니까?
Is your father in good health?

¿Está bien de salud su padre?
에스따 비 엔 데 살 룻 수 빠드레

예, 퍽 건강하십니다.
Yes, he is very well.

SI, está muy bien.
씨 에스따 무이 비엔

어머님은 건강하십니까?
Is your mother in good health?

¿Está bien de salud su madre?
에스따 비엔 데 살 룻 수 마드레

아닙니다. 그 여자는 성치 못합니다.
No, she is not well.

No, no está bien.
노 노 에스따 비 엔

그는 병들어 있습니다.
She is ill.

Está enferma.
에스따 엔 페 르 마

그 여자는 1주일 전에 병들었습니다.
She got ill before a week.

Hace una semana que está enferma.
아 세 우나 세 마 나 께 에스따
엔 페 르 마

그 여자는 지난 주부터 아팠습니다.
She has been ill since last week.

Está enferma desde la semana pasada.
에스따 엔 페 르 마 데스데 라 세 마 나
빠 사 다

그 여자는 병들어 자고 있습니다.
She is ill in bed.

Guarda cama. (Está en cama).
구아르다 까 마 에스따 엔 까 마

그거 좋지않군요.
That's too bad.

Lo siento mucho.
로 씨엔또 무초

그 여자는 얼마잖아 나을겁니다.
She will get well in few days.

Se mejorará dentro de pocos días.
세 메호라라 덴뜨로 데 뽀꼬스 디아스

그 여자는 병이 차츰 나아가고 있습니다.
She is getting well.

Está mejorando poco a poco.
에스따 메호란도 뽀꼬 아 뽀꼬

그 여자는 완쾌됐습니다.
She has got well.

Se ha puesto buena completamente.
세 아 뿌에스또 부에나 꼼쁠레따멘떼

그거 잘됐군요.
That's nice.

¡ Qué bien !
께 비엔

6. 병원에서

우리말 / 영어
(At the hospital)

스페인어
(En el hospital)

선생님께선 계십니까?
Is the doctor in?

¿ Está en casa el doctor ?
에스따 엔 까사 엘 독또르

예, 계십니다.
Yes, sir.

Sí, señor.
씨 세뇨르

들어 오십시오.
Please come in.

Adelante.
아 델 란 떼

선생님, 안녕하십니까?
Good morning, doctor.

Buenos días doctor.
부에노스 디아스 독또르

무슨 일이 생겼습니까?
What is the matter with you?

¿ Qué tiene usted ?
께 띠에네 우스뗏

요즈음 기분이 언짢습니다.
I don't feel very well in these days.

No me siento bien estos días.
노 메 씨엔또 비엔 에스또스 디아스

식욕은 있습니까?
Do you have any appetite?

¿ Tiene usted apetito ?
띠에네 우스뗏 아뻬띠또

전혀 없습니다.
Not at all.

No, en absoluto.
노 엔 압솔루또

아닙니다, 식욕이 없습니다.
No, I've no appetite.

No, no tengo apetito.
노 노 뗀 고 아뻬띠또

혀를 보여 주십시오.
Please show me your tongue.

A ver la lengua.
아 베르 라 렌구아

입을 벌리고 「아아」라고 말해 주십시오.
Open your mouth, and say "Ah".

Abra usted la boca y diga "ah".
아브라 우스뗏 라 보 까 이 디가
아—

그럼, 맥을 보십시다.
Now, let me feel your pulse.

A ver. Déjeme tomarle el pulso.
아 베르 데 헤 메 또마를레 엘 뿔소

맥은 이상없습니다.
Your pulse is regular.

Su pulso es normal.
수 뿔소 에스 노르말

체온은 보통이라고 생각합니다.
I think your temperature is normal.

Creo que su temperatura es normal.
끄레오 께 수 뗌뻬라뚜라 에스 노르말

맥이 빠릅니다.
Your pulse is quick.

Su pulso está acelerado.
수 뿔소 에스따 아셀레라도

열이 조금 있습니다.
You have a temperature.

Tiene usted algo de fiebre.
띠에네 우스뗏 알고 데 피에브레

피로하신 것 같군요.
You look tired.

Parece que está usted cansado.
빠레세 께 에스따 우스뗏 깐사도

47

그럼 청진을 해 봅시다.
Next, I want to sound you.

Ahora quisiera auscultarle.
아오라 끼씨에라 아우스꿀따를레

숨을 깊이 들여마셔 주십시오.
Take a deep breath, please.

Respire profundamente, por favor.
레스삐레 쁘로푼디멘떼   뽀르 파보르

흉부(胸部)에는 이상이 없습니다.
Your breast does not present any abnormal symptoms.

Su pecho no presenta ningún síntoma anormal.
수 뻬초 노 쁘레센따 닌 군
씬 또 마   아노르말

위가 짓누릅니까?
Do you feel heavy in the stomach?

¿Se siente usted con el estómago pesado?
세 씨엔떼 우스뗏 꼰 엘
에스또마고   뻬사도

복부(腹部)는 아프지 않습니까?
Haven't you a pain in the bowel?

¿No le duele el vientre?
노 레 두엘레 엘   비엔뜨레

예, 때때로 아픕니다.
Yes, sometimes.

Sí, me duele a veces.
씨   메   두엘레 아 베세스

나는 등이 때때로 아픕니다.
Sometimes, I have a pain in the back.

A veces tengo dolor de espalda.
아 베세스 뗀 고 돌로르 데
에스빨다

걱정 마십시오.
Don't worry.

No se preocupe.
노 세   쁘레오꾸뻬

대단한 것은 아닙니다.
Your illness is not serious.

Su enfermedad no es grave.
수 엔페르메닷 노 에스 그라베

48

처방전을 주시지 않겠습니까?
Will you give me a prescription?

¿ Quiere usted darme una
끼에레 우스뗏 다르메 우나
receta ?
ㄹ레세따

알았습니다.
All right.

Está bien.
에스따 비 엔

처방전을 써 드립니다.
I will write you a prescription.

Le extenderé una receta.
레 엑스뗀데레 우나 ㄹ레세따

그 약을 먹으면 1주일 쯤 해서 나을 겁니다.
If you take this medicine you will get well in a week.

Si toma esta medicina, se
씨 또 마 에스따 메 디 씨 나 세
mejorará dentro de una semana.
메호라라 덴뜨로 데 우나 세 마 나

고맙습니다. 얼마입니까?
Thank you doctor. How much do I owe you?

Muchas gracias, doctor.
무 차 스 그라씨아스 독 또 르
¿ Cuánto son sus honorarios ?
꾸 안 또 손 수스 오노라리오스

60뻬세따입니다.
That'll be sixty pesetas.

Sesenta pesetas.
세 센 따 뻬세 따 스

49

7. 치과 병원에서

우리말 / 영어
(At the dentist)

스페인어
(En la clínica del dentista)

어젯밤에 호되게 이가 아팠습니다.
Last night, I had a violent toothache.

Anoche me dolían mucho las muelas.
아노체 메 돌리안 무초 라스 무엘라스

어젯밤 이 이빨이 밤세도록 아팠습니다.
Last night, this tooth painted me all night.

Este diente me dolió durante toda la noche.
에스떼 디엔떼 메 돌리오 두란떼 또다 라 노체

이빨을 보아주시지 않겠습니까?
Will you examine my teeth?

¿Me hace el favor de examinarme la boca?
메 아세 엘 파보르 데 엑사미나르메 라 보까

이 이빨이 쑤시고 있습니다.
This tooth is decayed.

Este diente está muy picado.
에스떼 디엔떼 에스따 무이 삐까도

이 이빨을 곧 빼 주십사는 겁니다.
I wish you to pull out this tooth at once.

Quisiera que me saque este diente ahora mismo.
끼씨에라 께 메 사께 에스떼 디엔떼 아오라 미스모

지금 당장 뺄 수는 없습니다.
I cannot pull it out at once.

No se lo puedo sacar ahora mismo.
노 세 로 뿌에도 사까르 아오라 미스모

50

오늘은 아프지 않게만
치료해 놓도록 합시다.
*Today, I'll only give
you a treatment for
an alleviation of pain.*

Hoy sólo le haré un tratamiento
오 이 솔로 레 아레 운 뜨라따미엔또
para aliviarle el dolor.
빠라 알리비아를레 엘 돌로르

이 이빨을 금으로 채워
박아 주십시오.
*I want this tooth filled
with gold.*

Haga el favor de enfundarme
아 가 엘 파보르 데 엔푼다르메
con oro este diente.
꼰 오로 에스떼 디엔떼

이 이빨은 채워 박아도
쓸데 없습니다.
*It is inutile to fill it
with gold.*

Es inútil empastarle este
에스 이누띨 엠빠스따를레 에스떼
diente.
디 엔 떼

이 이빨은 채워넣기에는
너무 낡아 있습니다.
*The tooth is too decayed
to be filled up.*

Este diente está demasiado
에스떼 디엔떼 에스따 데마씨아도
picado para empastárselo.
삐까도 빠라 엠빠스따르셀로

채워 넣어도 오래 가지
못합니다.
The plug will not last long.

El empaste no durará mucho.
엘 엠빠스떼 노 두라라 무초

이 이빨은 빼고서 의치(義齒)
를 해 넣는 것이 좋을 겁니다.
*You'd better to have your
tooth pulled up and to
have a false tooth.*

Mejor será sacarle este diente
메호르 세라 사까를레 에스떼 디엔떼
y ponerle otro postizo.
이 뽀네를레 오뜨로 뽀스띠소

그걸로 좋습니다.
That will do.

Así irá bien.
아씨 이라 비 엔

내일 오전중에 다시 와
주십시오.
Please come again
tomorrow morning.

Haga el favor de volver
아 가 엘 파보르 데 볼베르
mañana por la mañana.
마 나 나 뽀르 라 마 나 나

8. 시간

우리말 / 영어
(Hour)

스페인어
(La hora)

지금 몇시입니까?
What time is it now?

¿ Qué hora es ?
께 오 라 에스

당신의 시계로 몇시입니까?
What time is it by your watch?

¿ Qué hora tiene en su reloj ?
께 오 라 띠에네 엔 수 ㄹ렐로흐

나의 시계로는 정각 1시 입니다.
By my watch, it is just one.

En mi reloj, es la una
엔 미 ㄹ렐로흐 에스 라 우나
en punto.
엔 뿐 또

정각 2시입니다.
It is just two.

Son las dos en punto.
손 라스 도스 엔 뿐 또

내 시계는 5분 빠릅니다.
My watch is five minutes fast.

Mi reloj está adelantado cinco
미 ㄹ렐로흐 에스따 아델란따도 씬꼬
minutos.
미 누 또 스

내 시계는 3분 늦습니다.
My watch is three minutes slow.

Mi reloj está atrasado tres
미 ㄹ렐로흐 에스따 아뜨라사도 뜨레스
minutos.
미 누 또 스

3시 5분입니다.
It is five past three.

Son las tres y cinco.
손 라스 뜨레스 이 씬꼬

3시 15분입니다. Son las tres y cuarto.
It is a quarter past three. 손 라스 뜨레스 이 꾸아르또

4시 10분입니다. Son las cuatro y diez.
It is ten past four. 손 라스 꾸아뜨로 이 디에스

5시 반입니다. Son las cinco y media.
It is half past five. 손 라스 씬꼬 이 메디아

6시 15분 전입니다. Son las seis menos cuarto.
It is a quarter to six. 손 라스 세이스 메노스 꾸아르또

6시 12분 전입니다. Son las seis menos doce.
It is twelve to six. 손 라스 세이스 메노스 도세

거의 7시입니다. Son alrededor de las siete.
It is about seven. 손 알ㄹ레데도르 데 라스 씨에떼

8시 13분입니다. Son las ocho y trece.
It is thirteen minutes past eight. 손 라스 오초 이 뜨레세

9시 18분 전입니다. Son las nueve menos dieciocho.
It is eighteen minutes to nine. 손 라스 누에베 메노스 디에씨오초

아직 10시가 안되었습니다. Todavía no son las diez.
It is not ten o'clock yet. 또다비아 노 손 라스 디에스

11시 29분입니다. Son las once y veintinueve.
It is twenty-nine past eleven. 손 라스 온세 이 베인띠누에베

곧 정오(야반)가 됩니다. *It will be noon (midnight) in a little while.*	**Pronto será mediodía** 쁘론또 세라 메디오디아 **(medianoche).** 메디아노체
12시가 되려 하고 있습니다. *It will be twelve in a moment.*	**Van a ser las doce.** 반 아 세르 라스 도세
12시를 이제막 쳤습니다. *It has just struck twelve.*	**Acaban de dar las doce.** 아 까반 데 다르 라스 도세
1시를 막 쳤습니다. *It has struck one.*	**Acaba de dar la una.** 아 까바 데 다르 라 우나
당신은 몇시에 일어납니까? *What time do you get up?*	**¿A qué hora se levanta usted?** 아 께 오라 세 레반따 우스뗏
나는 6시 반에 일어납니다. *I get up at half past six.*	**Me levanto a las seis y media.** 메 레반또 아 라스 세이스 이 메디아
당신은 몇시에 잠자리에 드십니까? *What time do you go to bed?*	**¿A qué hora se acuesta usted?** 아 께 오라 세 아꾸에스따 우스뗏
나는 10시에 취침합니다. *I go to bed at ten.*	**Me acuesto a las diez.** 메 아꾸에스또 아 라스 디에스
나는 6시까지 이 일을 끝마치겠습니다. *I'll finish this work by six.*	**Terminaré este trabajo para** 떼르미나레 에스떼 뜨라바호 빠라 **las seis.** 라스 세이스

나는 3시께 찾아 뵙겠습니다.
I will call on you toward 3 o'clock.

나는 아침 6시에 시계를 시보(時報)에 맞추었습니다.
At six o'clock in the morning, I set my watch by the announcement of time.

Lo visitaré a eso de las tres.
로 비씨따레 아 에서 데 라스 뜨레스

A las seis de la mañana puse
아 라스 세이스 데 라 마냐나 뿌세
en hora mi reloj de acuerdo
엔 오 라 미 ㄹ렐로흐 데 아꾸에르도
con la transmisión de la hora
꼰 라 뜨란스미씨온 데 라 오라
por radio.
뽀르 ㄹ라디오

9. 요일의 이름

우리말 / 영어
(The days of the week)

스페인어
(Los días de la semana)

오늘은 무슨 요일입니까?
What day of the week is it today?

¿Qué día de la semana es hoy?
께 디아 데 라 세 마 나 에스 오 이

오늘은 일요일입니다.
It is Sunday.

Es domingo.
에스 도 민 고

오늘은 무슨 요일입니까?
What day of the week is it today?

¿Qué día es hoy?
께 디아 에스 오 이

월요일입니다.
It is Monday.

Es lunes.
에스 루 네 스

오늘은 화요일입니다.
Today is Tuesday.

Hoy es martes.
오 이 에스 마르떼스

내일은 수요일입니다.
Tomorrow, it will be Wednesday.

Mañana será miércoles.
마 나 나 세 라 미에르꼴레스

모레는 목요일입니다.
The day after tomorrow, it will be Thursday.

Pasado mañana será jueves.
빠 사 도 마 나 나 세 라 후에 베스

어제는 월요일이었습니다.
Yesterday, it was Monday.

Ayer fue lunes.
아예르 푸에 루 네 스

그제는 일요일이었습니다. **Anteayer fue domingo.**
The day before yesterday, 안떼아예르 푸에 도민고
it was Sunday.

1주일은 며칠 있습니까? **¿Cuántos días tiene una**
How many days are there 꾸안또스 디아스 띠에네 우나
in a week? **semana?**
세마나

1주일은 7일 있습니다. **Una semana tiene siete días.**
There are seven. 우나 세마나 띠에네 씨에떼 디아스

주의 제1일은 무슨 요일 **¿Cuál es el primer día de la**
입니까? 꾸알 에스 엘 쁘리메르 디아 데 라
What is the first day of **semana?**
the week? 세마나

주의 제1일은 일요일입니다. **El primer día de la semana es**
The first day of the week 엘 쁘리메르 디아 데 라 세마나 에스
is Sunday. **el domingo.**
엘 도민고

제2일은 무슨 요일입니까? **¿Cuál es el segundo día?**
What is the second day? 꾸알 에스 엘 세군도 디아

월요일입니다. **El lunes.**
Monday is. 엘 루네스

화요일은 3일째 입니까? **¿Es el martes el tercer día?**
Is Tuesday the third day? 에스 엘 마르떼스 엘 떼르세르 디아

그렇습니다. **Sí, así es.**
Yes, it is. 씨, 아씨 에스

4일째는 무슨 요일입니까? *What is the fourth day?*	¿ Cuál es el cuarto día ? 꾸알 에스 엘 꾸아르또 디아
수요일입니다. *Wednesday is.*	Es el miércoles. 에스 엘 미에르꼴레스
다른 3일의 이름을 말할 수 있습니까? *Can you tell me the names of the three other days?*	¿ Puede usted decirme los 뿌에데 우스뗏 데씨르메 로스 nombres de los otros tres días ? 놈브레스 데 로스 오뜨로스 뜨레스 디아스
예, 할 수 있습니다. *Yes, I can.*	Sí que puedo. 씨 께 뿌에도
목요일과 금요일과 토요일입니다. *They are Thursday, Friday and Saturday.*	Son jueves, viernes y sábado. 손 후에베스 비에르네스 이 사바도
1주간의 7일의 이름을 다시 한번 말씀해 주시지 않겠습니까? *Will you tell me once more the names of the seven days of the week?*	¿ Quiere usted decirme de nuevo 끼에레 우스뗏 데씨르메 데 누에보 los nombres de los siete días 로스 놈브레스 데 로스 씨에떼 디아스 de la semana ? 데 라 세마나
1주간의 7일의 날은 일요일, 월요일, 화요일, 수요일, 목요일, 금요일과 토요일입니다. *The seven days of the week are: Sunday, Monday, Tuesday, Wednesday, Thursday, Friday and Saturday.*	Los siete días de la semana son: 로스 씨에떼 디아스 데 라 세마나 손 domingo, lunes, martes, 도민고 루네스 마르떼스 miércoles, jueves, viernes 미에르꼴레스 후에베스 비에르네스 y sábado. 이 사바도

10. 연월일

우리말 / 영어
(Date)

스페인어
(La fecha)

지금은 몇월입니까?
What month is it?

¿En qué mes estamos?
엔 께 메 스 에스따모스

1월입니다.
It is January.

En enero.
엔 에네로
(Estamos en el mes de enero)
에스따모스 엔 엘 메스 데 에네로

2월입니다.
It is February.

En febrero.
엔 페브레로

1년의 12달의 이름을
말씀해 주십시오.
*Please tell me the names
of the twelve months of
the year.*

Dígame, por favor, los nombres
디 가 메 뽀르 파보르 로스 놈브레스
de los doce meses del año.
데 로스 도세 메세스 델 아뇨

그것은 1월, 2월, 3월, 4월,
5월, 6월, 7월, 8월, 9월,
10월, 11월과 12월입니다.
*They are:
January, February, March,
April, May, June, July,
August, September, October,
November and December.*

Son: enero, febrero, marzo,
손 에네로 페브레로 마르소
abril, mayo, junio, julio,
아브릴 마요 후뇨 훌리오
agosto, septiembre, octubre,
아고스또 셉띠엠브레 옥뚜브레
noviembre y diciembre.
노비엠브레 이 디씨엠브레

오늘은 며칠입니까?
*What day of the month
is it today?*

¿A cuántos estamos?
아 꾸안또스 에스따모스

(¿ Qué día del mes es hoy ?)
께 디아 델 메스 에스 오이

오늘은 4월 1일입니다.
It is April the 1st.

Estamos a primero de abril.
에스따모스 아 쁘리메로 데 아블릴

5월 2일입니다.
It is May the 2nd.

Estamos a dos de mayo.
에스따모스 아 도스 데 마요

6월 3일입니다.
It is June the 3rd.

Estamos a tres de junio.
에스따모스 아 뜨레스 데 후뇨

오늘은 7월 21일입니다.
It is the 21st. of July.

Estamos a veintiuno de julio.
에스따모스 아 베인띠우노 데 훌리오

오늘은 12월 31일입니다.
It is the thirty-first of December.

Estamos a treinta y uno de diciembre.
에스따모스 아 뜨레인따 이 우노 데
디씨엠브레

당신은 몇년에
태어나셨습니까?
When were you born?

¿ En qué año nació usted ?
엔 께 아뇨 나씨오 우스뗏

나는 1928년에 태어났습니다.
I was born in 1928.

Nací en 1928 (mil novecientos veintiocho).
나씨 엔   밀 노베씨엔또스
베인띠오초

나는 1940년 8월 5일에
태어났습니다.
I was born in August 5th, 1940.

Nací el cinco de agosto de 1940 (mil novecientos cuarenta).
나씨 엘 씬꼬 데 아고스또 데
밀 노베씨엔또스 꾸아렌따

나의 생일은 8월 5일입니다. **Mi cumpleaños es el cinco de**
My birthday is 미 꿈쁠레아뇨스 에스 엘 씬 꼬 데
August 5th. **agosto.**
아고스또

8월 5일이 내 생일입니다. **El cinco de agosto es mi**
August 5th is my birthday. 엘 씬 고 데 아고스또 에스 미
cumpleaños.
꿈쁠레아뇨스

11. 나이

우리말 / 영어
(Age)

스페인어
(La edad)

당신은 몇살입니까?
How old are you?

¿Qué edad tiene usted?
께 에 닷 띠에네 우스뗏

나는 25살입니다.
I am twenty-five years old.

Tengo veinticinco años
뗀 고 베인띠씬꼬 아뇨스
(de edad).
데 에 닷

그러면 나와 동갑입니까?
Then, you are of my own age.

Entonces usted tiene la misma
엔 똔 세 스 우스뗏 띠에네 라 미스마
edad que yo.
에닷 께 요

나이를 말씀해 주실수 있습니까?
Will you tell me your age?

¿Quiere usted decirme la edad
끼에레 우스뗏 데씨르메 라 에닷
que tiene?
께 띠에네

나는 3월 3일에 20살이 되었습니다.
I was twenty years old in March 3.

El tres de marzo cumplí veinte
엘 뜨레스 데 마르소 꿈쁠리 베인떼
años.
아뇨스

나는 7월 11일로 28살이 됩니다.
I shall be twenty-eight in July 11.

El once de julio cumplo
엘 온세 데 훌리오 꿈쁠로
veintiocho años.
베인띠오초 아뇨스

동생은 몇살입니까?
How old is your younger brother?

¿ Cuántos años tiene su
꾸안또스 아뇨스 띠에네 수
hermano menor ?
에르마노 메노르

그는 곧 20살이 됩니다.
He will be twenty in the near future.

Le falta poco para cumplir
레 팔따 뽀꼬 빠라 꿈쁠리르
veinte años.
베인떼 아뇨스

그는 성년이 아닙니다.
He is under age.

Es menor de edad.
에스 메노르 데 에닷

그는 20살이 넘었습니다.
He is over twenty.

Tiene más de veinte años.
띠에네 마스 데 베인떼 아뇨스

누이동생은 몇살입니까?
How old is your sister?

¿ Cuántos años tiene su hermana ?
꾸안또스 아뇨스 띠에네 수 에르마나

그녀는 17살 4개월입니다.
She is seventeen years and four months of age.

Tiene diecisiete años y cuatro
띠에네 디에씨씨에떼 아뇨스 이 꾸아뜨로
meses.
메세스

그녀는 만 17살입니다.
She is full seventeen years old.

Tiene diecisiete años cumplidos.
띠에네 디에씨씨에떼 아뇨스 꿈쁠리도스

아버님(어머님)께서는 몇살이십니까?
How old is your father (mother)?

¿ Cuántos años tiene su padre
꾸안또스 아뇨스 띠에네 수 빠드레
(madre) ?
마드레

나의 아버지(어머니)는 나이드셨습니다. *My father (mother) grew old.*	**Mi padre (madre) es viejo (vieja).** 미 빠드레 마드레 에스 비에호 비에하
그 (그녀)는 60고개를 넘었습니다. *He (she) is already over sixty.*	**Tiene más de sesenta años.** 띠에네 마스 데 세센따 아뇨스
그는 나이보다 젊어보입니다. *He looks younger than his age.*	**El representa menos años de** 엘 ㄹ레쁘레센따 메노스 아뇨스 데 **los que tiene.** 로스 께 띠에네
그녀는 나이보다 젊어 보입니다. *She looks younger than her age.*	**Ella representa menos edad de** 에야 ㄹ레쁘레센따 메노스 에닷 데 **la que tiene.** 라 께 띠에네
그는 나이보다 늙어 보입니다. *He looks older than his age.*	**El representa más edad de la** 엘 ㄹ레쁘레센따 마스 에닷 데 라 **que tiene.** 께 띠에네
그녀는 나이보다 늙어 보입니다. *She looks older than her age.*	**Ella representa más años de** 에야 ㄹ레쁘레센따 마스 아뇨스 데 **los que tiene.** 로스 께 띠에네
그는 그 나이만큼 보입니다. *He looks his age.*	**El representa bien su edad.** 엘 ㄹ레쁘레센따 비엔 수 에닷
그녀는 그 나이만큼 보입니다. *She looks her age.*	**Ella representa bien su edad.** 에야 ㄹ레쁘레센따 비엔 수 에닷

나의 아버지는 그 나이 같지 않게 보입니다.
My father does not look his age.

Mi padre representa menos años de los que tiene.
미 빠드레 ㄹ레쁘레센따 메노스 아뇨스 데 로스 께 띠에네

그는 나이에 비해서 건강 합니다.
He is active for his age.

Es muy enérgico para su edad.
에스 무이 에네르히꼬 빠라 수 에닷

나의 할머니는 고령입니다.
My grandmother is much advanced in years.

Mi abuela es anciana (vieja).
미 아부엘라 에스 안씨아나 비에하

그 여자는 아직 건강합니다.
She is yet hale and hearty.

Ella todavía está sana y robusta.
에야 또다비아 에스따 사나 이 ㄹ로부스따

그 여자는 노쇠해 있습니다.
She has become decrepit from age.

Se ha estropeado mucho.
세 아 에스뜨로뻬아도 무초

저 부인은 나이를 숨기고 있습니다.
That woman conseales her age.

Esa mujer esconde la edad que tiene.
에사 무헤르 에스꼰데 라 에닷 께 띠에네

그 여자는 몇살이나 된다고 생각합니까?
How about her age?

¿Qué edad piensa usted que tiene ella?
께 에닷 삐엔사 우스뗏 께 띠에네 에야

그 여자는 30살쯤 된다고 생각합니다.
I suppose she is thirty.

Pienso que puede tener alrededor de treinta años.
삐엔소 께 뿌에데 떼네르 알ㄹ레데도르 데 뜨레인따 아뇨스

12. 거리에서

우리말 / 영어
(In the street)

스페인어
(En la calle)

실례합니다, N.역으로
가려면 어느 쪽으로 가야
하겠습니까?
Excuse me, but will you tell me the way to the N. station?

Permítame, señor, ¿ por dónde
뻬르미따메 세뇨르 뽀르 돈 데
se va a la estación de N. ?
세 바 아 라 에스따씨온 데 N.

이 길로 가면 N.역으로
가게 됩니까?
Is this the way to the N. station?

¿ Se va a la estación de N. por
세 바 아 라 에스따씨온 데 N. 뽀르
esta calle (este camino) ?
에스따 까예 에스떼 까미노

이 길로 가면 N.역으로
가게 됩니까?
Does this way lead to the N. station?

¿ Me conduce este camino
메 꼰두세 에스떼 까미노
(esta calle) a la estación de N. ?
에스따 까예 아 라 에스따씨온 데 N.

버스로 가시겠습니까, 아니면
걸어서 가시겠습니까?
Are you going there by bus or on foot?

¿ Va usted en autobús o a
바 우스뗏 엔 아우또부스 오 아
pie ?
삐에

걸어서 갑니다.
I'm going on foot.

Voy a pie.
보이 아 삐에

이 길을 똑바로 가셔서
두번째 네거리를 오른쪽으로
꺾은 다음 막다른곳에서
다시 오른 쪽으로 꺾으십시오.

Vaya usted derecho por esta
바야 우스뗏 데레초 뽀르 에스따
calle, doble la esquina a la
까예 도블레 라 에스끼나 아 라

67

N역은 왼쪽에 있습니다.
Go straight on this way and turn to the right at the second cross-roads and go on to the end. Then, turn again to the right. You will find N. station on the left.

derecha en el segundo cruce,
데 레 차   엔   엘   세 군 도   끄루세
al final de esta calle, doble de
알   피 날   데 에스따 까 예   도블레 데
nuevo a la derecha y encontrará
누에보 아 라   데레차   이 엔꼰뜨라라
la estación de N. a la izquierda.
라 에스따씨온 데 N. 아 라 이스끼에르다

여기서 몇분쯤 걸립니까?
How long will it take from here?

¿ Cuánto se tarda desde aquí ?
꾸 안 또   세 따르다   데스데   아끼

15분쯤은 걸립니다.
About fifteen minutes.

Se tarda más o menos quince
쎄 따르다 마 스   오 메 노 스   낀 세
minutos.
미 누 또 스

그곳이 가장 가까운 길입니까?
Is that the shortest way to get there?

¿ Es éste el camino más corto ?
에 스 에스떼 엘   까미노   마 스 꼬르또

예, 그렇습니다.
Yes, it is.

Sí.
씨

대단히 감사합니다.
Thank you very much.

Muchas gracias.
무 차 스   그라씨아스

천만에 말씀.
It's nothing.

No hay de qué. (De nada).
노 아 이   데   께   데 나 다

이 근처에 영화관이 있습니까?
Are there any movie theater in this neighborhood?

¿ Hay un cine cerca de aquí ?
아 이   운   씨네 세르까   데   아 끼

68

예, 하나 있습니다.
Yes, there is one.

Sí, hay uno.
씨 아이 우 노

여기서 가깝습니까?
Is it near from here?

¿ Está cerca de aquí ?
에스따 세르까 데 아끼

여기서 멉니까?
Is it far from here?

¿ Está lejos de aquí ?
에스따 레호스 데 아끼

아닙니다, 그리 멀지는 않습니다.
No, it is not very far.

No, no está tan lejos.
노 노 에스따 딴 레호스

여기서 가깝습니다.
It is near from here.

Está cerca de aquí.
에스따 세르까 데 아끼

이 거리를 똑바로 가십시오. 그 다음 길의 막다른데서 왼편으로 꺾으십시오.
Go straight along this street, and turn to the left at the end of the street.

Vaya usted derecho por esta calle y al final, doble a la izquierda.
바 아 우스뗏 데레초 뽀르 에스따 까예 이 알 피날 도블레 아 라 이스끼에르다

당신은 지나쳐 오셨습니다.
You have come too far.

Ha venido usted demasiado lejos.
아 베니도 우스뗏 데마씨아도 레호스

되돌아가서서 오른쪽으로 꺾어가시지 않으면 안됩니다.
You must retrace your steps and turn to the right.

Debe retroceder y doblar a la derecha.
데베 ㄹ레뜨로세데르 이 도블라르 아 라 데레차

이 길을 가면 레가니또스가로
갈 수 있습니까?
*Does this way lead to
the Leganitos Street?*

¿ Se va a la calle de Leganitos
세 바 아 라 까예 데 레가니또스
por aquí ?
뽀르 아끼

이 길을 가면 어디로 가게
됩니까?
*Pardon me, but where
does this street lead to?*

Perdón, señor, ¿ a dónde se va
뻬르돈 세뇨르 아 돈데 세 바
por esta calle ?
뽀르 에스따 까예

잘 모르겠는데요. 저기
파출소에서 물으시면
되겠습니다.
*I am sorry I don't. You'd
better ask at the police
box over there.*

No sabría decirle. Es mejor
노 사브리아 데씨를레 에스 메호르
que pregunte en aquel
께 쁘레군떼 엔 아껠
puesto de policía.
뿌에스또 데 뽈리씨아

나는 이 도시 사람이
아닙니다.
*I am not a native of
this city.*

Soy forastero aquí.
소이 포라스떼로 아끼

나는 이 도시가 아주
낯섭니다.
*I am quite a stranger
in this city.*

No conozco nada de esta
노 꼬노스꼬 나다 데 에스따
ciudad.
씨우닷

버스는 어디서 탈수
있습니까?
Where can I get a bus?

¿ Dónde puedo tomar el
돈데 뿌에도 또마르 엘
autobús ?
아우또부스

버스 정거장은 어디입니까?
Where is the nearest

¿ Dónde está la parada del
돈데 에스따 라 빠라다 델

bus-stop?	**autobús más cercana?**
	아우또부스 마스 세르까나
버스는 저기 담배가게 앞에서 섭니다.	**El autobús para delante del**
The bus stops in fron of the tobacconist's over there.	엘 아우또부스 빠라 델란떼 델
	estanco que está ahí enfrente.
	에스딴꼬 께 에스따 아이 엔프렌떼
나는 길을 잃었습니다.	**Me he perdido en el camino.**
I am lost.	메 에 뻬르디도 엔 엘 까미노
여기는 뭐라고 하는 거리입니까?	**¿Cómo se llama esta calle?**
What street is this?	꼬모 세 야마 에스따 까예
이곳은 세르라노가 입니다.	**Se llama calle de Serrano.**
This is the Serrano Street.	세 야마 까예 데 세르라노
이것은 박물관 (동물원)으로 가는 길입니까?	**¿Es ésta la calle que conduce**
Is this the right way to the museum (zoo)?	에스 에스따 라 까예 께 꼰두세
	al museo (jardín zoológico)?
	알 무세오 하르딘 소올로히꼬
예, 그렇습니다.	**Sí, señor. Esta es.**
Yes, it is.	씨 세뇨르 에스따 에스
아닙니다, 이 길이 아닙니다.	**No, señor. No es ésta.**
No, it is not.	노 세뇨르 노 에스 에스따
이 길을 똑바로 가십시오.	**Vaya usted derecho por esta calle.**
Just go along this street.	바야 우스뗏 데레초 뽀르 에스따 까예
여기서 박물관까지 얼마나 됩니까?	**¿Qué distancia hay desde aquí**
	께 디스딴씨아 아이 데스데 아끼

*What is the distance from
here to the museum?*

al museo ?
알 무세오

1킬로쯤 됩니다.
About one kilometer.

Un kilómetro más o menos.
운 낄로메뜨로 마스 오 메노스

13. 자동차에서

우리말 / 영어
(By car)

스페인어
(En automóvil)

곧 떠납시다.
Let us start at once.

Vamos en seguida.
바 모 스 엔 세 기 다

자동차를 빌릴 수가
있습니까?
Can we hire a car?

**¿ Podemos alquilar un auto
(coche) ?**
뽀데모스 알낄라르 운 아우또
고 체

자동차를 불러 주십시오.
Please hire a car.

Llame un auto, por favor.
야 메 운 아우또 뽀르 파보르

알았습니다. 곧 부탁
하겠습니다.
All right. I am going to
hire it.

Muy bien, voy a pedirlo.
무 이 비엔 보이 아 뻬디를로

요금은 시간으로 물게됩니까,
아니면 거리로 물게됩니까?
Will you pay by the hour
or by the mileage?

**¿ Pagará el pasaje por horas o
por kilómetros ?**
빠가라 엘 빠사헤 뽀르 오라스 오
뽀르 낄로메뜨로스

시간으로 요금을 물리라
생각됩니다.
I will pay by the hour.

Lo pagaré por horas.
로 빠가레 뽀르 오라스

시내의 명소를 구경하는데
시간제로 정해서 자동차를
빌릴수 있습니까?
Can I hire a car by the

**¿ Puedo alquilar un coche por
horas para visitar los sitios de**
뿌에도 알낄라르 운 꼬체 뽀르
오라스 빠라 비씨따르 로스 씨띠오스 데

73

hour to see the sights of the town?

interés ?
인떼레스

될 것입니다.
I think you can.

Creo que sí.
끄레오 께 씨

운전수 양반, 우리들은 이 도시의 명소를 구경하고 싶습니다.
Chauffeur, we want to see the sights of this town.

Chófer, queremos visitar los sitios de interés de esta ciudad.
초페르 께레모스 비씨따르 로스 씨띠오스 데 인떼레스 데 에스따 씨우닷

어디어디를 구경하시고 싶습니까?
What places do you want to see?

¿Qué sitios quieren ustedes visitar ?
께 씨띠오스 끼에렌 우스떼데스 비씨따르

가장 유명한 곳으로 데려가 주십시오.
Take us to the most noted places.

Haga el favor de llevarnos a los sitios más famosos.
아가 엘 파보르 데 예바르노스 아 로스 씨띠오스 마스 파모소스

이것은 시내의 안내서입니다.
This is a guide book of the town.

Aquí tiene la guía de esta ciudad.
아끼 띠에네 라 기아 데 에스따 씨우닷

보시고 싶은 곳을 고르십시오.
Please choose the places you want to see.

Elijan ustedes los sitios que quieran visitar.
엘리한 우스떼데스 로스 씨띠오스 께 끼에란 비씨따르

무엇을 보시고 싶으신겁니까?
What do you want to see?

¿Qué quieren visitar ustedes ?
께 끼에렌 비씨따르 우스떼데스

우리들은 쁘라도, 뿌에르따 델·솔, 왕궁, 레띠로, 쁠라사·마요르, 알깔라 거리와 대학촌(大學村)을 보고 싶습니다.
We want to see the Prado, Puerta del Sol, the Royal Palace, the Retiro, the Plaza Mayor, the Puerta de Alcalá and the University City.

Queremos visitar el Prado, la
께 레 모 스 비씨따르 엘 쁘 라 도 라
Puerta del Sol, el Palacio Real,
뿌에르따 델   솔 엘 빨라씨오 ㄹ레알
el Retiro, la Plaza Mayor, la
엘 ㄹ레띠로 라 쁠라사 마요르 라
Puerta de Alcalá y la Ciudad
뿌에르따 데 알 깔 라 이 라 씨우닷
Universitaria.
우니베르씨따리아

알겠습니다.
All right.

Muy bien, señores.
무이 비엔   세뇨레스

운전수 양반, 태워 주실 수 있습니까?
Chauffeur, are you free?

Chófer, ¿ va libre ?
초페르   바 리브레

예.
Yes, sir.

SI, señor.
씨 세뇨르

어디로 가시렵니까?
Where do you want to go?

¿ A dónde va usted ?
아 돈 데 바 우스뗏

알깔라가로 가려 합니다.
I want to go to the Alcalá Street.

Quisiera ir a la calle de Alcalá.
끼씨에라 이르 아 라 까예 데 알 깔 라

알깔라가 5번지로 데려다 주십시오
Please take me to No. 5, Alcalá Street.

Lléveme al número 5 de la
예 베 메 알 누메로 씬고 데 라
misma.
미 스 마

이 거리는 뭐라고 하는 곳입니까?
What street is this?

¿ En qué calle estamos ?
엔 께 까에 에스따모스

M.거리입니다.
This is the M. Street.

Estamos en la calle M.
에스따모스 엔 라 까에 M.

세워주십시오.
Stop!

¡ Pare !
빠레

세워주세요, 지나쳐 버렸습니다.
Stop! You have carried too far.

¡ Pare ! Ha ido usted más lejos
빠레 아 이도 우스뗏 마스 레호스
de lo que quería.
데 로 께 께리아

차를 조금 되몰아 주십시오.
Please go back a little.

Vuelva un poco atrás.
부엘바 운 뽀꼬 아뜨라스

뭐라고요? 25번지로 가시는 것 아닙니까?
What? You want to go to No. 25, don't you?

¿ Cómo ? ¿ No quiere usted ir
꼬모 노 끼에레 우스뗏 이르
al número 25 ?
알 누메로 베인띠씬꼬

아니요. 나는 5번지로 가는겁니다.
No, I want to go to No. 5.

No, quiero ir al número 5.
노 끼에로 이르 알 누메로 씬고

예, 알았습니다. 5번지.
Oh! I understand, No. 5.

¡ Ah ! Entiendo. Número 5.
아 엔띠엔도 누메로 씬고

여깁니다. 요금은 얼마입니까?
Here we are. How much do I owe you?

Pare aquí. ¿ Cuánto cuesta el
빠레 아끼 꾸안또 꾸에스따 엘
recorrido ?
ㄹ레꼬ㄹ리도

76

45뻬세따 입니다.
45 pesetas, sir.

Cuesta cuarenta y cinco
꾸에스따 꾸아렌따 이 씬고
pesetas, señor.
뻬세따스 세뇨르

여기 있습니다, 50뻬세따,
나머지는 당신에게 드립니다.
Here's 50 pesetas; you may keep the change.

Aquí tiene 50 pesetas.
아끼 띠에네 씬꾸엔따 뻬세따스
Quédese con la vuelta.
께데세 곤 라 부엘따

대단히 감사합니다.
Thank you very much..

Muchas gracias.
무차스 그라씨아스

14. 담배 가게에서

우리말 / 영어
(At a tobacconist's)

스페인어
(En el estanco)

안녕하십니까.
Good morning.

Buenos días.
부 에 노 스 디아스

안녕하십니까.
무얼 드릴까요?
Good morning, sir.
What can I do for you?

Muy buenos días, señor.
무 이 부에노스 디아스 세뇨르
¿ Qué desea usted ?
께 데세아 우스뗏

담배 한갑 주십시오.
I want to get a package
of cigarettes.

Quiero un paquete de cigarrillos.
끼에로 운 빠께떼 데 씨가ㄹ리요스

이 담배를 좋아하십니까?
Do you like this cigarette?

¿ Le gustan estos cigarrillos ?
레 구스딴 에스또스 씨가ㄹ리요스

이 담배는 구미에 맞으십니까?
Have you a taste for this
cigarette?

¿ Le agradan estos cigarrillos ?
레 아그라단 에스또스 씨가ㄹ리요스

아닙니다, 이 담배는
나에게는 너무 독합니다.
No, this cigarette is too
strong for me.

No, estos cigarrillos son
노 에스또스 씨가ㄹ리요스 손
demasiado fuertes para mí.
데마씨아도 푸에르떼스 빠 라 미

나는 순한 것을 원합니다.
I desire a mild one.

Los quisiera más suaves.
로스 끼씨에라 마스 수아베스

이 담배가 독하다고 생각

¿ Cree usted que estos

하십니까? *Do you think this cigarette is too strong?*	끄레에 우스뗏 께 에스또스 **cigarrillos son demasiado** 씨가ㄹ리요스 손 데마씨아도 **fuertes ?** 푸에르떼스
예, 그렇습니다. *Certainly.*	**Sí, en efecto.** 씨 엔 에펙또
이건 어떻습니까? *How do you like this?*	**Y éstos, ¿ qué le parecen a** 이 에스또스 께 레 빠레센 아 **usted ?** 우스뗏
그건 내 구미에 맞습니다. *It suits my taste.*	**Me gustan.** 메 구스딴
나는 이걸 택하겠습니다. *I'll take it.*	**Me quedaré con éstos.** 메 께다레 꼰 에스또스
2갑 주십시오. *Give me two packages.*	**Déme dos paquetes.** 데 메 도스 빠께떼스
순한 담배를 3개 주십시오. *Give me three mild cigars.*	**Déme tres puros suaves.** 데 메 뜨레스 뿌로스 수아베스
알았습니다. *All right, sir.*	**Sí, señor.** 씨 세뇨르
라이터가 있습니까? *Have you lighters?*	**¿ Tiene usted encendedores ?** 띠에네 우스뗏 엔센데도레스
라이터가 하나 필요합니다. *I want a lighter.*	**Desearía un encendedor.** 데세아리아 운 엔센데도르

많이 있습니다.
I have lots of them.

Tenemos encendedores de
떼네모스 엔센데도레스 데
muchas clases.
무 치 스 끌라세스

라이터를 서너개 보여
주십시오.
Please show me some lighters.

¿ Quiere enseñarme algunos
끼에레 엔세나르메 알구노스
encendedores ?
엔센데도레스

라이터를 보여 주시지
않겠습니까?
Will you show me some lighters?

Enséñeme algunos encendedores.
엔세네메 알구노스 엔센데도레스

예.
Very well.

Perfectamente.
뻬르펙따멘떼

이걸 사겠습니다.
I'll take this one.

Me quedaré con éste.
메 께디레 꼰 에스떼

고맙습니다.
Thank you very much.

Muchas gracias.
무치스 그라씨아스

얼마입니까?
How much is it?

¿ Cuánto es ? (¿ Cuánto cuesta ?)
꾸안또 에스   꾸안또 꾸에스따

모두 얼마입니까?
How much is it in all?

¿ A cuánto asciende por todo ?
아 꾸안또   아씨엔데   뽀르 또도

160 뻬세따 되겠습니다.
It is 160 pesetas.

Son 160 pesetas.
손 씨엔도 세센따 뻬세따스

옛소, 200 뻬세따.

Aquí tiene usted 200 pesetas.

80

Here's 200 pesetas.
이거 거스름입니다.
40 뻬세따 드립니다.
Here's your change. That makes 40 pesetas change.

안녕히 가십시오.
Good bye.

아 끼 띠에네 우스뗏 도씨엔따스 뻬세따스
Aquí tiene usted el cambio.
아 끼 띠에네 우스뗏 엘 깜비오
Son 40 pesetas de vuelta.
손 꾸아렌따 뻬세따스 데 부엘따

Adiós.
아디오스

15. 쇼핑

우리말 / 영어
(Shopping)

스페인어
(Las compras)

안녕하십니까.
Good afternoon!

Buenas tardes.
부에나스 따르데스

무얼 드릴까요?
May I help you?

¿Qué desea usted?
께 데세아 우스뗏

무얼 드릴까요?
What can I do for you?

¿Puedo servirle en algo?
뿌에도 세르비를레 엔 알고

넥타이를 하나 사고 싶습니다.
I would like to buy a tie.

Desearía una corbata.
데세아리아 우나 꼬르바따

넥타이는 있습니까?
Do you have ties?

¿Tiene usted corbatas?
띠에네 우스뗏 꼬르바따스

많이 있습니다.
I have lots of them.

Tenemos un gran surtido.
떼네모스 운 그란 수르띠도

넥타이를 보여 주십시오.
Please show me your ties.

Enséñeme sus corbatas.
엔세녜메 수스 꼬르바따스

알겠습니다.
With pleasure.

Con mucho gusto.
꼰 무초 구스또

알겠습니다.
Very well, sir.

Muy bien, señor.
무이 비엔 세뇨르

이리 오십시오.
This way, please.

Pase por aquí, por favor.
빠세 뽀르 아끼 뽀르 파보르

이 넥타이는 어떻습니까?
How would you like this tie?

¿Qué le parece esta corbata?
께 레 빠레세 에스따 꼬르바따

이 색깔은 지금 유행하고 있는 겁니까?
Is this color in vogue?

¿Está de moda este color?
에스따 데 모 다 에스떼 꼴로르

예, 그렇습니다.
Yes, sir.

SI, señor.
씨 세뇨르

그럼, 이걸 택하겠습니다.
I'll take this one.

Me quedaré con ésta.
메 께다레 꼰 에스따

얼마입니까?
How much is it?

¿Cuánto vale?
꾸안또 발레

얼마입니까?
What is the price?

¿Cuál es el precio?
꾸알 에스 엘 쁘레씨오

그건 얼마입니까?
How much does it cost?

¿Cuánto cuesta?
꾸안또 꾸에스따

95 뻬세따입니다.
Ninety five pesetas, sir.

Son noventa y cinco pesetas.
손 노벤따 이 씬꼬 뻬세따스

달리 더 사실 건 없습니까?
Anything else, sir?

¿Algo más, señor?
알고 마 스 세뇨르

와이샤쓰를 하나 사고 싶습니다.
I want to buy a shirt.

Quisiera comprar una camisa.
끼씨에라 꼼쁘라르 우나 까미사

와이샤쓰는 있습니까?
Have you shirts?

¿Venden aquI camisas?
벤 덴 아끼 까미사스

83

예, 있습니다.
Yes, sir.

Sí, señor.
씨 세뇨르

사쓰를 보여 주십시오.
Show me some shirts.

Enséñeme algunas.
엔 세 녜 메 알구나스

와이샤쓰를 보여 주시지 않겠습니까?
Will you show me some shirts?

¿Quiere enseñarme algunas camisas?
끼에레 엔세나르메 알구나스 까미사스

알겠습니다.
All right, sir.

Sí, señor.
씨 세뇨르

사이즈는 어떻게 되십니까?
What size do you take?

¿De qué medida quiere usted la camisa?
데 께 메디다 끼에레 우스뗏 라 까미사

38 센티입니다.
Thirty-eight.

Treinta y ocho centímetros.
뜨레인따 이 오초 센띠메뜨로스

이건 어떻습니까?
How about this one?

¿Qué le parece ésta?
께 레 빠레세 에스따

이것은 나에게는 값이 너무 비쌉니다.
It is too dear for me.

Es demasiado cara para mí.
에스 데마씨아도 까라 빠라 미

이것은 마음에 안듭니다.
I don't like this one.

No me gusta ésta.
노 메 구스따 에스따

더 싼 것을 사고 싶습니다.
I would like to have a cheaper one.

La quisiera más barata.
라 끼씨에라 마스 바라따

값을 좀 깎아 주시지
않겠습니까?
*Won't you reduce the
price a little?*

¿ No puede usted rebajar un
노 뿌에데 우스뗏 ㄹ레바하르 운
poco el precio ?
뽀꼬 엘 쁘레씨오

저희들은 할인을 하지
않습니다.
We don't ask two prices.

No hacemos rebajas.
노 아세모스 ㄹ레바하스

저희들은 할인을 하지
않습니다.
We ask only one price.

Aquí se vende a precio fijo.
아끼 세 벤데 아 쁘레씨오 피호

이것이 최저한의 값입니다.
It's the rock-bottom price.

Es el último precio.
에스 엘 울띠모 쁘레씨오

이것이 정가입니다.
It's the fixed price.

Es precio fijo.
에스 쁘레씨오 피호

저희들은 정찰을 붙여
팔고 있습니다.
We sell at fixed price.

Aquí se vende a precio fijo.
아 끼 세 벤데 아 쁘레씨오 피호

안됐습니다만, 조금도 깎아
드릴 수가 없습니다.
*I'm sorry, but I can't reduce
the price even a little.*

Lo siento, pero no puedo
로 씨엔또 뻬로 노 뿌에도
rebajar ni siquiera un poco.
ㄹ레바하르 니 씨끼에라 운 뽀꼬

아무쪼록 이것을 정가 대로
사주십시오.
*Please take it at the fixed
price.*

Le ruego que se quede con
레 ㄹ루에고 께 세 께데 꼰
ésta a precio fijo.
에스따 아 쁘레씨오 피호

그럼 그 값으로 이 샤쓰를
사겠습니다.

Me quedaré con ésta a ese
메 께다레 꼰 에스따 아 에세

85

Then, I'll take this shirt at this price.

precio, pues.
쁘레씨오 뿌에스

고맙습니다.
Many thanks.

Muchas gracias.
무 차 스 그라씨아스

그걸 싸 주십시오.
Please make a parcel of it.

Envuélvamela, por favor.
엔 부 엘 바 멜 라 뽀르 파보르

알겠습니다.
Certainly, sir.

Por supuesto, señor.
뽀르 수뿌에스또 세뇨르

16. 모자점에서

우리말 / 영어
(At the hatter's)

중절모자를 보여 주셨으면 합니다만.
I would like to see some soft-felt hats.

중절모자를 보여 주십시오.
Please show me your soft-felt hats.

중절모자가 있습니까?
Have you soft-felt hats?

예, 있습니다. 이리 오십시오.
Certainly, sir. This way, please.

나는 중절모자를 원합니다.
I want to have a soft-felt hat.

어떤 색을 좋아하십니까?
What color do you like?

나는 엷은 브라운색(짙은 브라운색)이 좋습니다.
I like light brown (deep brown).

스페인어
(En la sombrerería)

Quisiera ver unos sombreros
끼씨에라 베르 우노스 솜브레로스
de fieltro.
데 피엘뜨로

Enséñeme sus sombreros
엔세녜메 수스 솜브레로스
de fieltro, por favor.
데 피엘뜨로 뽀르 파보르

¿ Se venden aquí sombreros
세 벤덴 아끼 솜브레로스
de fieltro ?
데 피엘뜨로

Sí, señor. Pase por aquí.
씨 세뇨르 빠세 뽀르 아끼

Quisiera un sombrero de fieltro.
끼씨에라 운 솜브레로 데 피엘뜨로

¿ De qué color lo quiere usted ?
데 께 꼴로르 로 끼에레 우스뗏

Lo quiero marrón claro
로 끼에로 마ㄹ론 끌라로
(marrón oscuro).
마ㄹ론 오스꾸로

87

나는 엷은 쥐색 (짙은 쥐색)이 좋습니다. *I like light grey (dark grey).*	Lo quiero gris claro (gris _{로 끼에로 그리스 끌라로 그리스} oscuro). _{오스꾸로}
나는 쥐색 (브라운) 모자를 원합니다. *I want to have a grey (brown) hat.*	Quiero un sombrero gris _{끼에로 운 솜브레로 그리스} (marrón). _{마르론}
엷은 쥐색 (엷은 브라운색) 모자를 원합니다. *I want to have a light grey (light brown) hat.*	Quiero un sombrero gris claro _{끼에로 운 솜브레로 그리스 끌라로} (marrón claro). _{마르론 끌라로}
머리 치수가 어떻게 됩니까? *What is your size?*	¿Cuál es su medida de _{꾸알 에스 수 메디다 데} sombrero? _{솜브레로}
잘 기억 못합니다. 치수를 재어 주십시오. *I don't know. Please take my measure.*	No lo sé exactamente. Tómeme _{노 로 세 엑삭따멘떼 또메메} usted la medida. _{우스뗏 라 메디다}
알겠습니다. *Certainly, sir.*	Bien, señor. _{비엔 세뇨르}
치수를 재겠습니다. *Let me take your measure, please.*	Ahora le tomaré la medida. _{아오라 레 또마레 라 메디다}
이것이 적당하다고 생각됩니다. *I think this will fit you closely.*	Creo que éste le sentará bien. _{끄레오 께 에스떼 레 센따라 비엔}

이것은 어떻습니까?
How is this?

¿ Qué le parece éste ?
께 레 빠레세 에스떼

이것을 써 보십시오.
Try this on, please.

Pruébeselo, por favor.
쁘루에베셀로 뽀르 파보르

이 모자는 좀 작습니다.
This hat is a little small.

Este sobrero es un poco
에스떼 솜브레로 에스 운 뽀꼬
pequeño para mí.
뻬께뇨 빠라미

이 모자는 좀 큽니다.
This hat is a little large.

Este es un poco grande para mí.
에스떼 에스 운 뽀꼬 그란데 빠라미

좀더 큰 (작은) 것을
원합니다.
I would like to have a little larger one (smaller one).

Lo quisiera un poco más grande
로 끼씨에라 운 뽀꼬 마스 그란데
(pequeño).
뻬께뇨

이 모자는 너무 꽉
째는군요.
This hat is too close.

Este sombrero me aprieta
에스떼 솜브레로 메 아쁘리에따
demasiado la cabeza.
데마씨아도 라 까베사

다른 것을 보여 주십시오.
Show me another one.

Enséñeme usted otro.
엔세녜메 우스뗏 오뜨로

이 모자는 그 모자보다도
한바퀴가 더 큰 것입니다.
This hat is a size larger.

Este sombrero es mas grande
에스떼 솜브레로 에스 마스 그란데
que el otro.
께 엘 오뜨로

나는 이 색을 좋아하지
않습니다.
I don't like this color.

No me gusta este color.
노 메 구스따 에스떼 꼴로르

이 색은 나에게 좀 화려하군요.
This color is a little bright for me, isn't it?

Este color es demasiado claro
에스떼 꼴로르 에스 데마씨아도 끌라로
para mí.
빠 라 미

결코 그렇지가 않습니다.
Not at all.

De ningún modo, señor.
데   닌군   모 도   세뇨르

이것은 당신에게 알맞습니다.
This is quite suitable for you.

Este le sienta perfectamente.
에스떼 레 씨엔따 뻬르펙따멘떼

이것은 최신 유행품입니까?
Is it in the latest fashion?

¿ Es de última moda ?
에스 데 울띠마 모 다

예, 그렇습니다.
Yes, it is.

Sí, señor.
씨   세뇨르

이 형이 지금 유행하고 있습니다.
This shape is in fashion.

Este tipo es de última moda.
에스떼 띠뽀 에스 데 울띠마 모 다

그럼 이걸 택합니다.
All right. I'll take it.

Pues me quedo con éste.
뿌에스 메 께 도   꼰   에스떼

실크해트가 있습니까?
Have you any silk hats?

¿ Se venden aquí sombreros de
  세   벤 덴   아끼 솜브레로스   데
copa ?
꼬 빠

실크해트를 하나 사고 싶습니다.
I want to buy a silk hat.

Quisiera un sombrero de copa.
끼씨에라   운 솜브레로 데 꼬빠

나는 파나마 모자를 원합니다.
I want to have a Panama hat.

Quisiera un panamá.
끼씨에라   운   빠나마

써 보아도 괜찮습니까?
May I try it on?

¿ Puedo probármelo ?
뿌에도 쁘로바르멜로

예, 좋습니다.
Oh, please do.

Sí, señor.
씨 세뇨르

이 모자는 내 마음에
들었습니다.
This hat suits my taste.

Este sombrero me gusta.
에스떼 솜브레로 메 구스따

이걸 택하겠습니다.
I will take this.

Me quedaré con éste.
메 께다레 꼰 에스떼

고맙습니다.
Thank you very much.

Muchas gracias.
무차스 그라씨아스

고맙습니다.
Many thanks.

Mil gracias.
밀 그라씨아스

이것들을 내 집까지 배달해
주시지 않겠습니까?
Will you send these to my address?

¿ Quiere usted mandarlos a mi
끼에레 우스뗏 만다를로스 아 미
dirección ?
디렉씨온

알겠습니다.
With pleasure.

Con mucho gusto, señor.
꼰 무초 구스또 세뇨르

근일중에 다시 오십시오.
Hope you will come again in a short time.

Haga el favor de volver a
아가 엘 파보르 데 볼베르 아
pasar por aquí dentro de poco.
빠사르 뽀르 아끼 덴뜨로 데 뽀꼬

17. 양화점에서

우리말 / 영어
(At the shoemaker's.)

스페인어
(En la zapatería)

안녕하십니까!
Good afternoon.

Buenas tardes.
부에나스 따르데스

어서 오십시오.
Good afternoon, sir.

Buenas tardes, señor.
부에나스 따르데스 세뇨르

무얼 드릴까요?
What do you want, sir?

¿Qué desea, señor?
께 데세아 세뇨르

무슨 일이십니까?
What can I do for you?

¿En qué puedo servirle?
엔 께 뿌에도 세르비를레

구두가 한 켤레 필요합니다.
I want a pair of shoes.

Quisiera un par de zapatos.
끼씨에라 운 빠르 데 사빠또스

구두가 한 켤레 필요합니다.
I want to buy a pair of shoes.

Quisiera comprar un par de zapatos.
끼씨에라 꼼쁘라르 운 빠르 데
사빠또스

어떤 구두를 원하십니까?
What kind of shoes do you want?

¿Cómo los quiere usted?
꼬모 로스 끼에레 우스뗏

검정 구두를 원합니다.
I want black shoes.

Los quiero negros.
로스 끼에로 네그로스

알겠습니다.
All right, sir.

Muy bien, señor.
무이 비엔 세뇨르

이리 오십시오. *Please come this way.*	**Pase usted por aquí, señor.** 빠 세 우스뗏 뽀르 아 끼 세뇨르
이리 오십시오. *This way, please.*	**Por aquí, señor.** 뽀르 아 끼 세뇨르
이 구두는 어떻습니까? *How do you like these shoes?*	**¿Qué le parecen estos zapatos?** 께 레 빠레센 에스또스 사빠또스
이것은 발에 맞으리라 생각합니다. *I think these fit you right.*	**Creo que estos le irán bien.** 끄레오 께 에스또스 레 이란 비엔
이것은 발에 맞으리라 생각합니다. *I think these fit you right.*	**Creo que estos le sentarán perfectamente.** 끄레오 께 에스또스 레 센따란 뻬르펙따멘떼
이건 조금 큽니다. *They are too loose.*	**Estos son demasiado anchos.** 에스또스 손 데마씨아도 안초스
이건 꼭 맞습니다. *These fit me right.*	**Estos me sientan bien.** 에스또스 메 씨엔딴 비엔
이건 꼭 맞습니다. *This pair fits me right.*	**Este par me sienta bien.** 에스떼 빠르 메 씨엔따 비엔
얼마입니까? *What is the price?*	**¿Cuánto valen?** 꾸안또 발렌
얼마입니까? *How much?*	**¿Cuánto es?** 꾸안또 에스

이 구두는 얼마입니까?
What's the price of this pair?

¿ Cuánto cuestan estos zapatos ?
꾸안또 꾸에스딴 에스또스 사빠또스

이 구두는 얼마로 파는 겁니까?
How do you sell these shoes?

¿ A cómo los vende usted ?
아 꼬모 로스 벤데 우스뗏

8백 뻬세따 입니다.
800 pesetas, sir.

Son ochocientas pesetas.
손 오초씨엔따스 뻬세따스

그건 너무 비쌉니다.
The price is too high.

El precio es demasiado caro.
엘 쁘레씨오 에스 데마씨아도 까로

그렇지 않습니다.
Not at all.

De ningún modo, señor.
데 닌군 모도 세뇨르

이것은 상등품 가죽으로
만들어진 것입니다.
*These are made of
good leather.*

Están hechos de cuero de
에스딴 에초스 데 꾸에로 데
buena calidad.
부에나 깔리닷

좀 깎아주지 않겠습니까?
Can't you make it cheaper?

¿ No podría usted rebajar un
노 뽀드리아 우스뗏 ㄹ레바하르 운
poco ?
뽀꼬

깎아드리지 않습니다.
I have only one price.

Aquí siempre vendemos a
아끼 씨엠쁘레 벤데모스 아
precio fijo.
쁘레씨오 피호

깎아 주지 않으면 나는
그걸 사지 않겠습니다.
*If you don't make it cheaper,
I'll not take this pair.*

Si usted no me rebaja,
씨 우스뗏 노 메 ㄹ레바하
no me quedaré con ellos.
노 메 께다레 꼰 에요스

94

그러면 5부만 깎아 드리겠습니다.
Then, I'll make a discount of five percent.

Entonces, le haré una rebaja del 5 por ciento.
엔 똔 세 스 레 아레 우나 ㄹ레바하 델 씬꼬 뽀르 씨엔또

이것이 최저한의 값입니다.
It's the rock-bottom price.

Es el último precio.
에스 엘 울띠모 쁘레씨오

좋습니다. 그 값으로 사지요.
Well, I'll take it at that price.

Bien, los compraré a ese precio.
비 엔 로스 꼼쁘라레 아 에세 쁘레씨오

고맙습니다.
Thank you, sir.

Muchas gracias, señor.
무 차 스 그라씨아스 세뇨르

구두를 한 켤레 마추려 합니다.
I want a pair of shoes made to measure.

Quisiera un par de zapatos a medida.
끼씨에라 운 빠르 데 사빠또스 아 메디다

무슨색을 원하십니까?
What color do you want?

¿ De qué color los quiere ?
데 께 꼴로르 로스 끼에레

짙은 브라운색을 원합니다.
I like dark brown.

Los quiero marrón oscuro.
로스 끼에로 마ㄹ론 오스꾸로

치수를 재십시다.
I will take your measure.

Le tomaré las medidas.
레 또마레 라스 메디다스

치수를 재게 해 주십시오.
Let me take your measure.

Permítame tomarle las medidas.
뻬르미따메 또마를레 라스 메디다스

어떤 형이 좋습니까?
What shape do you want?

¿ De qué forma los quiere ?
데 께 퍼르마 로스 끼에레

95

기성품을 보여 주십시오.
Show me some readymade shoes.

Enséñeme algunos zapatos hechos.
엔 세 녜 메   알구노스   사빠또스
에 초 스

예, 알겠습니다.
Certainly, sir.

Perfectamente, señor.
뻬 르 펙 따 멘 떼   세뇨르

이 모양은 어떻습니까?
How do you like this shape?

¿ Le gustan los de esta forma ?
레   구 스 딴 로 스 데 에스따
포 르 마

이 모양이 마음에 들었습니다.
I like this shape.

Me gustan los de esta forma.
메   구스딴   로스   데 에스따 포르마

한 켤레 얼맙니까?
What's the price of this pair of shoes?

¿ Cuánto cuesta este par ?
꾸 안 또   꾸에스따 에스떼 빠르

1,200 뻬세따스입니다.
1,200 pesetas, sir.

Cuesta mil docientas pesetas, señor.
꾸에스따   밀   도씨엔따스   뻬세따스
세뇨르

언제 다 됩니까?
When will it be ready?

¿ Cuándo estarán hechos ?
꾸 안 도   에스따란 에 초 스

다음주 금요일까지는
틀림없이 다 됩니다.
It will be finished by next Friday without fail.

Estarán terminados sin falta para el viernes de la semana que viene.
에스따란   떼르미나도스   씬   팔따
빠라 엘 비에르네스 데 라 세마나
께   비에네

이 구두를 수선해 주었으면 합니다.
I'd like to have these shoes repaired.

Hágame el favor de remendar estos zapatos.
아가메 엘 파보르 데 ㄹ레멘다르 에스또스 사빠또스

이 구두를 수선해 주었으면 합니다.
I want these shoes mended.

Quiero que me remiende estos zapatos.
끼에로 께 메 ㄹ레미엔데 에스또스 사빠또스

이 구두를 수선해 주었으면 합니다.
Please mend me these shoes.

Remiéndeme estos zapatos, por favor.
ㄹ레미엔데메 에스또스 사빠또스 뽀르 파보르

알았습니다.
Very good, sir.

Perfectamente, señor.
뻬르펙따멘떼 세뇨르

며칠 걸립니까?
How many days does it take?

¿Cuántos días necesita para remendarlos?
꾸안또스 디아스 네세씨따 빠라 ㄹ레멘다를로스

5일 걸립니다.
It takes five days.

Necesito cinco días.
네세씨또 씬꼬 디아스

5일이면 수선됩니다.
They will be mended in five days.

Estarán terminados dentro de cinco días.
에스따란 떼르미나도스 덴뜨로 데 씬고 디아스

18. 양복점에서

우리말 / 영어
(At the tailor's)

스페인어
(En la sastrería)

신사복을 한벌 마추었으면 합니다.
I want a suit made to measure.

Quiero un traje a medida.
끼에로 운 뜨라헤 아 메디다

알겠습니다.
All right, sir.

Muy bien, señor.
무이 비엔 세뇨르

이리 오십시오.
Step this way, please.

Pase por aquí, señor.
빠세 뽀르 아끼 세뇨르

옷감의 견본은 있습니까?
Have you some patterns of cloths?

¿Tienen ustedes algunas muestras de tela?
띠에넨 우스떼데스 알구나스 무에스뜨라스 데 뗄라

예, 많이 있습니다.
Yes, sir. We have lots of them.

Sí, tenemos un buen surtido.
씨 떼네모스 운 부엔 수르띠도

보여 주십시오.
Please show me them.

Enséñemelas, por favor.
엔세네멜라스 뽀르 파보르

알겠습니다.
Certainly, sir.

Perfectamente, señor.
뻬르펙따멘떼 세뇨르

이것은 최신형 양복지의 견본입니다.
These are patterns of the newest material.

Estas son las muestras de última moda.
에스따스 손 라스 무에스뜨라스 데 울띠마 모다

어떤 천을 원하십니까? *What kind of material do you want?*	¿Qué clase de tela quiere usted? 께 끌라세 데 뗄라 끼에레 우스뗏
나는 순모의 천을 원합니다. *I want a cloth of pure wool.*	Quiero algo de lana pura. 끼에로 알고 데 라나 뿌라
이것은 순모입니까? *Is it of pure wool?*	¿Es ésta de lana pura? 에스 에스따 데 라나 뿌라
그렇습니다. *Yes, sir.*	SI, señor. 씨 세뇨르
이 천은 어떻습니까? *How do you like this cloth?*	¿No le gusta esta tela? 노 레 구스따 에스따 뗄라
이 색이 마음에 안듭니다. *I don't like this color.*	No me gusta este color. 노 메 구스따 에스떼 꼴로르
나에게는 이색이 너무 짙습니다. *This color is too dark for me.*	Este color es demasiado oscuro para mí. 에스떼 꼴로르 에스 데마씨아도 오스꾸로 빠라 미
더 밝은 것을 좋아합니다. *I'd like to have a lighter one.*	Lo quiero un poco más claro. 로 끼에로 운 뽀꼬 마스 끌라로
이 색은 나에게 맞지 않습니다. *This color does not suits me.*	Este color no me sienta bien. 에스떼 꼴로르 노 메 씨엔따 비엔
이 천은 마음에 듭니다. *I like this cloth.*	Esta tela me gusta. 에스따 뗄라 메 구스따

이 천으로 만들어 주십시오.
Make me a suit of this.

Hágame un traje con esta tela.
아 가 메 운 뜨라헤 꼰 에스따 뗄라

이 천으로 맞추면 얼마
듭니까?
How much will a suit of this cloth be?

¿Cuánto cobra usted por la
꾸안또 꼬브라 우스뗏 뽀르 라
hechura de esta tela?
에추라 데 에스따 뗄라

인견 안감을 써서 5천
뻬세따 듭니다.
It will cost you 5000 pesetas with a silk lining.

Cuesta cinco mil pesetas, con
꾸에스따 씬 고 밀 뻬세따스 꼰
forros de seda.
포르로스 데 세 다

착수금을 드릴까요?
Shall I leave a deposit?

¿Quiere que le pague algún
끼에레 께 레 빠게 알 군
anticipo?
안 띠 씨 뽀

4분의 1만 지불 해 주십시오.
Be good enough to pay a quarter in advance.

Tenga la bondad de pagarme
뗀 가 라 본 닷 데 빠가르메
una cuarta parte del precio
우나 꾸아르따 빠르떼 델 쁘레씨오
como anticipo.
꼬 모 안띠씨뽀

그렇습니까, 여기 있습니다.
All right. Here it is.

Muy bien, aquí tiene usted.
무이 비엔 아끼 띠에네 우스뗏

고맙습니다.
Thank you, sir.

Muchas gracias, señor.
무 차 스 그라씨아스 세뇨르

고맙습니다.
Thank you very much.

Muchísimas gracias.
무 치 씨 마 스 그라씨아스

참으로 고맙습니다.
A thousand thanks.

Mil gracias.
밀 그라씨아스

영수증을 드립니다.
I'll give you a receipt.

Le daré un recibo.
레 다 레 운 ㄹ레씨보

치수를 재개 해 주십시오.
Let me take your measure.

Déjeme tomarle las medidas.
데헤메 또마를레 라스 메디다스

가봉은 언제 합니까?
When shall I come to try it on?

¿ Cuándo tengo que venir a probármelo ?
꾸안도 뗀고 께 베니르 아
쁘로바르멜로

다음주 목요일까지는 됩니다.
It will be ready by next Thursday.

Estará listo para el jueves de la semana próxima.
에스따라 리스또 빠라 엘 후에베스 데
라 세마나 쁘록씨마

다음주 목요일에 나와 주십시오.
Please come on next Thursday.

Vuelva el jueves de la próxima semana.
부엘바 엘 후에베스 데 라 쁘록씨마
세마나

주문한 양복의 가봉을 하러 왔습니다. 되어 있습니까?
I have come to try my suit on. Is it ready?

Vengo a probarme el traje. ¿ Está listo ?
벵고 아 쁘로바르메 엘 뜨라헤
에스따 리스또

네, 되어 있습니다.
Yes, it is.

Sí, ya está listo.
씨 아 에스따 리스또

입어 보아 주십시오.
Please try this on.

Pruébeselo, por favor.
쁘루에베셀로 뽀르 파보르

겨드랑 아래쪽이 좀 죄어서
거북합니다.
*It is a little tight under
my arms.*

Me aprieta un poco el sobaco.
메 아쁘리에따 운 뽀꼬 엘 소바꼬

가슴께가 조금 거북합니다.
*It is little tight across
the chest.*

Me aprieta un poco el pecho.
메 아쁘리에따 운 뽀꼬 엘 뻬초

그건 고쳐집니다. 그러면
몸에 꼭 맞습니다.
*We can make alterations.
Then, it will fit you right.*

Lo podemos corregir y le sentará
로 뽀데모스 꼬ㄹ레히르 이 레 센따라
bien.
비엔

바지는 나에게 꼭 맞습니다.
The trousers fit me right.

Los pantalones me sientan bien.
로스 빤딸로네스 메 씨엔딴 비엔

언제 다 됩니까?
When can I have it finished?

¿ Cuándo estará terminado ?
꾸안도 에스따라 떼르미나도

다음주 화요일까지는 반드시
됩니다.
*It will be finished by next
Tuesday without fail.*

Estará hecho sin falta para el
에스따라 에초 씬 팔따 빠라 엘
martes de la próxima semana.
마르떼스 데 라 쁘록씨마 세마나

이 주소로 배달해
주시겠습니까?
*Will you send it to this
address?*

¿ Quiere mandármelo a esta
끼에레 만다르멜로 아 에스따
dirección ?
디렉씨온

배달할 때 대금은 지불
하겠습니다.
You will be paid on delivery.

Lo pagaré a la entrega.
로 빠가레 아 라 엔뜨레가

19. 이발소에서

우리말 / 영어
(At the barber's)

스페인어
(En la peluquería)

안녕하십니까?
Good morning.

Buenos días.
부에노스 디아스

어서 오십시오.
Good morning, sir.

Buenos días, señor.
부에노스 디아스 세뇨르

머리를 깎아 주십시오.
I want to have my hair cut.

Quiero que me corte el pelo.
끼에로 께 메 꼬르떼 엘 뻴로

어서 의자에 앉아 주십시오.
Please take a seat.

Tome asiento, por favor.
또메 아씨엔또 뽀르 파보르

앉으십시오.
Please sit down.

Siéntese, por favor.
씨엔떼세 뽀르 파보르

어떤 모양으로 깎아드릴까요?
What fashion do you like?

¿Cómo lo quiere usted?
꼬모 로 끼에레 우스뗏

시원하게 쳐 주십시오.
I want to have my hair cut moderately.

Córtemelo moderadamente.
꼬르떼멜로 모데라다멘떼

너무 짧지 않게 깎아 주십시오.
Don't cut my hair too short.

No me deje el pelo demasiado corto.
노 메 데헤 엘 뻴로 데마씨아도 꼬르또

옆을 짧게 깎아주십시오.
I want to have my hair

Déjeme corto el pelo a ambos
데헤메 꼬르또 엘 뻴로 아 암보스

103

cut short on both sides.　　lados.
　　　　　　　　　　　　　라도스

머리를 가운데서 갈라　　　Hágame la raya en el medio.
주십시오.　　　　　　　　아 가 메　라 ㄹ라아　엔 엘 메 디 오
Please part my hair in
the middle.

머리에 컬을 해 주십시오.　Ríceme el pelo.
Please frizzle my hair.　　ㄹ리세 메　엘 뻴 로

머리를 웨이브로 해 주십시오.　Hágame el pelo rizado.
Please give me a wave.　　아 가 메　엘　뻴 로　ㄹ리사도

면도를 해 주십시오.　　　Aféiteme, por favor.
I want a shave.　　　　　아 페 이 떼 메　뽀르 파 보르

면도는 말아 주십시오.　　No me afeite. Padezco de
땀띠가 나 있습니다.　　　노　메 아페이떼　빠데스꼬　데
Don't shave me. I have　picazón por causa del calor.
prickly heats.　　　　　　삐 까 손 뽀르 까우사　델　깔로르

이 조그만 상처를 조심해　Cuídese de esta pequeña
주십시오.　　　　　　　　꾸 이 데 세　데 에스따 뻬 께 냐
Pay attention to this little　erupción.
skin eruption.　　　　　　에 룹 씨 온

입수염은 그대로 둬주십시오.　Déjeme así el bigote.
Leave my mustache as it is.　데 헤 메　아 씨 엘　비 고 떼

머리를 감아 주십시오.　　Láveme la cabeza.
Give me a shampoo.　　　라 베 메　라 까 베 사

포마드를 조금 발라주십시오.　Póngame un poco de brillantina
Apply a little pomade to　뽄 가 메 운 뽀꼬 데 브리안띠나

104

the hair.	**en el pelo.** 엔 엘 뻴로
포마드를 조금 발라주십시오. *I want a little pomade to the hair.*	**Quiero un poco de brillantina.** 끼에로 운 뽀꼬 데 브리안띠나
알았습니다. *Certainly, sir.*	**Perfectamente, señor.** 뻬르펙따멘떼 세뇨르
요금은 얼마입니까? *How much do I owe you?*	**¿ Cuánto le debo ?** 꾸안또 레 데보
요금은 얼마입니까? *How much?*	**¿ Cuánto es ?** 꾸안또 에스

20. 우체국에서

우리말 / 영어
(At the post office)

스페인어
(En la oficina de correos)

우표는 어디서 살 수 있습니까?
Where can I get the stamps?

¿Dónde se venden sellos de
돈 데 세 벤 덴 세요스 데
correo?
꼬ㄹ레오

1번 창구입니다.
At the first counter.

En la taquilla No. 1.
엔 라 따 끼 아 누메로 우노

20센띠모짜리 우표를 10장 주십시오.
I want ten twenty céntimos stamps.

Quiero diez sellos de veinte
끼에로 디에스 세요스 데 베인떼
céntimos.
센 띠 모 스

20센띠모짜리 우표를 10장 주십시오.
Please give me ten twenty céntimos stamps.

Déme diez sellos de veinte
데 메 디에스 세요스 데 베인떼
céntimos, por favor.
센 띠 모 스   뽀르 파보르

한국말을 할 수 있는 국원이 계십니까?
Are there any employee who speak Korean?

¿Hay algún empleado de correos
아이 알 군 엠쁠레아도 데 꼬ㄹ레오스
que sepa hablar coreano?
께 세빠 아블라르 꼬레아노

아닙니다. 이 국에는 한국말 할 줄 아는 사람은 한사람도 없습니다.
Nobody can speak Korean here.

No, aquí no hay ninguno que
노 아 끼 노 아이 닌 구 노 께
hable coreano.
아블레   꼬ㄹ레아노

영어로 (스페인어로)말하면
됩니까?
May I speak in English?

¿ Puedo hablar en inglés ?
뿌에도 아블라르 엔 인글레스

예, 좋습니다.
Yes, sir.

SI, señor.
씨 세뇨르

여기서는 영어는 누구나
압니다.
Everybody understands English here.

Aquí todo el mundo entiende el inglés.
아 끼 또도 엘 문도 엔띠엔데 엘 인글레스

이것은 외국으로 가는
서면(書面)입니다.
This is a letter for abroad.

Esta carta es para el extranjero.
에스따 까르따 에스 빠라 엘 엑스뜨란헤로

이 편지를 항공편으로
부치려고 합니다.
I want this letter sent by airmail.

Quisiera mandar esta carta por correo aéreo.
끼씨에라 만다르 에스따 까르따 뽀르 꼬ㄹ레오 아에레오

이 편지를 속달로 부치고
싶습니다.
I want to send this letter by espress.

Quisiera mandar esta carta por correo urgente.
끼씨에라 만다르 에스따 까르따 뽀르 꼬ㄹ레오 우르헨떼

이 편지를 등기로
해주십시오.
Please register this letter.

Haga el favor de certificar esta carta.
아가 엘 파보르 데 세르띠피까르 에스따 까르따

이 편지는 얼마를 붙여야
합니까?
How much is the postal charge?

¿ Cuánto es el franqueo de esta carta ?
꾸안또 에스 엘 프란께오 데 에스따 까르따

이 편지를 항공편으로
서울에 부치려고 합니다.
요금은 얼마입니까?
*I want to send this letter
to Seoul by airmail. How
much do you charge?*

Deseo mandar esta carta por
데세오 만다르 에스따 까르따 뽀르
correo aéreo para Seúl.
꼬레오 아에레오 빠라 세울
¿ Cuánto es el franqueo ?
꾸안또 에스 엘 프란께오

10 뻬세따입니다.
Ten pesetas, sir.

Son diez pesetas.
손 디에스 뻬세따스

나는 이 전보환(電報換)을
받았습니다.
*I received this telegraphic
remittance.*

He recibido este giro telegráfico.
에 ㄹ레씨비도 에스떼 히로 뗄레그라피꼬

10 뻬세따 지페로 지불해
주시지 않겠습니까?
*Will you pay me it in ten
pesetas bills?*

¿ Quiere usted pagármelo en
끼에레 우스뗏 빠가르멜로 엔
billetes de diez pesetas ?
비에떼스 데 디에스 뻬세따스

알았습니다.
Certainly, sir.

Perfectamente, señor.
뻬르펙따멘떼 세뇨르

여기다 서명하십시오.
Please sign here.

Firme aquí, por favor.
피르메 아 끼 뽀르 파보르

나한테로의 우편이 와있을
것입니다.
*I'm sure you have some
letters addressed to me.*

Estoy seguro de que hay
에스또이 세구로 데 께 아이
cartas para mí.
까르따스 빠라 미

성함은 뭐라고 합니까?
What's your name?

¿ Cómo se llama usted ?
꼬 모 세 야 마 우스뗏

108

김 수길이라 합니다.
My name is Sukil Kim.

Me llamo Sukil Kim.
메 아 모   수 길   김

본인이라는 것을 증명할 수 있는 서류를 가지셨나요?
Have you any papers which prove your identity?

¿ Tiene algún documento que certifique su identidad ?
띠에네 알군 도꾸멘또 께 세르띠피께 수 이덴띠닷

여권이 있습니다.
Here is my passport.

Aquí tiene mi pasaporte.
아끼 띠에네 미 빠사뽀르떼

등기우편이 한통 와 있습니다.
There is a registered letter addressed to you.

Hay una carta certificada dirigida a usted.
아이 우나 까르따 세르띠피까다
디리히다 아 우스뗏

우편 미납의 서장(書狀)이 한통 있습니다.
There is a letter whose postage is insufficient.

Hay una carta con franqueo insuficiente.
아 이 우나 까르따 꼰 프란께오
인 수 피 씨 엔 떼

얼마 지불하면 됩니까?
How much have I to pay?

¿ Cuánto tengo que pagar ?
꾸안또 뗀고 께 빠가르

얼마 지불해야 합니까?
How much must I pay?

¿ Cuánto debo pagar ?
꾸안또 데보 빠가르

20센띠모 지불하면 됩니다.
You have to pay twenty céntimos.

Tiene que pagar veinte céntimos.
띠에네 께 빠가르 베인떼
센 띠 모 스

서울에 환(換)으로 송금하고 싶습니다.

Quisiera hacer una remesa para
끼씨에라 아세르 우나 ㄹ레메사 빠라

109

I want to send some money to Seoul by postal order.

Seúl por giro postal.
세울 뽀르 히 로 뽀스딸

이 하물을 소포 우편으로 부치고 싶습니다.
I want to send this package by post.

Quisiera enviar esto por
끼 씨 에 라 엔비아르 에스또 뽀르
paquete postal.
빠 께 떼 뽀스딸

이 소포의 요금은 얼마입니까?
What's the charge for this parcel?

¿ Cuánto tengo que pagar por
꾸안또 뗑 고 께 빠가르 뽀르
este paquete ?
에스떼 빠 께 떼

이 소포안에는 무엇이 들어 있습니까?
What does this parcel contain?

¿ Qué hay dentro de este
께 아이 덴뜨로 데 에스떼
paquete ?
빠 께 떼

이 소포안에는 책이 몇권 들어 있습니다.
There are some books in this parcel.

Hay unos libros en este
아이 우노스 리브로스 엔 에스떼
paquete.
빠 께 떼

여금은 우표로 지불해 주십시오.
Please pay the fee in postal stamps.

Pague el franqueo en sellos de
빠 게 엘 프란께오 엔 세요스 데
correo.
꼬ㄹ레 오

이 편지에 붙인 우표는 이것으로 충분한 것입니까?
Is this letter sufficiently stamped?

¿ Es este sello suficiente para
에스 에스떼 세요 수피씨엔떼 빠라
esta carta ?
에스따 까르따

아닙니다. 중량이 조금 초과되어 있습니다.

No, pasa un poco del peso
노 빠사 운 뽀꼬 델 뻬소

No, it's just a bit overweight.

reglamentario.
ㄹ레글라멘따리오

그럼, 얼마 지불하면
됩니까?
How much have I got to pay, then?

Entonces, ¿cuánto tengo que
엔 똔 세 스　　꾸안또　　뗀고　께
pagar?
빠 가 르

10 센띠모입니다.
Ten céntimos more.

Tiene que pagar diez céntimos.
띠에네　께　빠가르　디에스 센 띠 모 스

21. 시계점에서

우리말 / 영어
(At a clocker's)

스페인어
(En la relojería)

이 시계가 망가졌습니다.
This watch is broken.

Este reloj está descompuesto.
에스떼 ㄹ렐로흐 에스따 데스꼼뿌에스또

이 팔목시계는 시간이
안맞습니다.
This wrist watch is wrong.

Este reloj de pulsera no
에스떼 ㄹ렐로흐 데 뿔세라 노
funciona bien.
푼씨오나 비엔

이 시계는 가끔씩 멈춥니다.
This watch stops at times.

Este reloj se para a veces.
에스떼 ㄹ렐로흐 세 빠라 아 베세스

이 시계는 하루에 20분
더갑(늦읍)니다.
This watch gains (loses)
twenty minutes a day.

Este reloj adelanta (atrasa)
에스떼 ㄹ렐로흐 아델란따 아뜨라사
veinte minutos al día.
베인떼 미누또스 알 디아

이 시계를 고쳐 주십시오.
I want this watch mended.

Compóngame este reloj.
꼼뽄가메 에스떼 ㄹ렐로흐

이 팔목시계를 소제하고
기름을 쳐 주십시오.
I want this wrist watch
cleaned and oiled.

Quisiera que me limpie y engrase
끼씨에라 께 메 림삐에 이 엔그라세
este reloj de pulsera.
에스떼 ㄹ렐로흐 데 뿔세라

알겠습니다.
All right, sir.

Muy bien, señor.
무이 비엔 세뇨르

알겠습니다.
With pleasure.

Con mucho gusto, señór.
꼰 무초 구스또 세뇨르

언제 다 됩니까?
When can I have it mended?

¿ Cuándo estará arreglado ?
꾸안도 에스따라 아ㄹ레글라도

언제 다 됩니까?
When will it be finished?

¿ Cuándo estará terminado ?
꾸안도 에스따라 떼르미나도

적어도 1주일은 걸립니다.
It will take at least a week.

Al menos necesito una semana.
알 메노스 네세씨또 우나 세마나

더 빨리는 안됩니까?
Can't you mend it sooner?

¿ No puede usted arreglármelo más pronto ?
노 뿌에데 우스뗏 아ㄹ레글라르멜로 마스 쁘론또

아니오. 안됩니다.
No, I can't.

No, no puedo.
노 노 뿌에도

그럼, 되도록 빨리 부탁합니다.
Then, please do it as soon as possible.

Hágamelo lo más pronto posible.
아가멜로 로 마스 쁘론또 뽀씨블레

이 벽시계는 가지않습니다.
This wall-clock doesn't go.

Este reloj de pared no anda.
에스떼 ㄹ렐로흐 데 빠렛 노 안다

봐 주시지 않겠습니까?
Will you examine it?

¿ Quiere examinarlo ?
끼에레 엑사미나를로

예, 알겠습니다.
Yes, sir.

Perfectamente, señor.
뻬르펙따멘떼 세뇨르

기름이 싹 말라 버렸군요.
Oil is entirely gone.

Le ha faltado el aceite por completo.
레 아 팔따도 엘 아세이떼 뽀르 꼼쁠레또

113

그럼 소제를 하고 기름을
쳐 주십시오.
I want it cleaned and oiled.

Entonces, quiero que me lo
엔 똔 세 스   끼에로   께   메   로
limpie y engrase.
림뻬에 이 엔 그 라 세

자명종이 하나 필요합니다.
I want an alarm clock.

Quisiera un despertador.
끼 씨 에 라   운 데스뻬르따도르

자명종이 있습니까?
Have you any alarm clocks?

¿ Tienen ustedes despertadores ?
띠에넨   우스떼데스 데스뻬르따도레스

예, 많이 있습니다.
*Yes, sir. We have lots
of them.*

SI, señor. Tenemos de varios
씨 세뇨르   떼 네 모 스   데 바리오스
tipos.
띠 뽀 스

보여 주십시오.
Show me them, please.

Enséñemelos, por favor.
엔 세 녜 멜 로 스   뽀르   파보르

팔목시계를 하나 사고
싶습니다.
I want to buy a wrist watch.

Quisiera un reloj de pulsera.
끼 씨 에 라   운 ㄹ렐로흐 데   뿔 세 라

귀점포에 있는 팔목시계를
보여 주십시오.
*I want to see the wrist
watches you have in the store.*

Quiero que me enseñen los
끼에로   께   메   엔세녠   로스
relojes que tienen aquí.
ㄹ렐로헤스   께 띠에넨   아 끼

금시계를 원하십니까?
*Do you want a gold wrist
watch?*

¿ Quiere un reloj de oro ?
끼에레   운 ㄹ렐로흐 데   오 로

예, 그렇습니다.
Yes, I do.

SI.
씨

그 시계는 스위스제입니까?
Is this a Swiss made?

¿ Es éste de fabricación suiza ?
에스 에스떼 데 파브리까씨온 수이사

아닙니다. 미국제입니다.
No, it is an American.

No, americana.
노 아메라까나

이것은 스위스 제품입니다.
This one is a Swiss product.

Este es de fabricación suiza.
에스떼 에스 데 파브리까씨온 수이사

이건 모두 상등품입니다.
These are good manufactures.

Todos éstos son de buena marca.
또도스 에스또스 손 데 부에나
마르까

좋은 물건이라고 생각되지 않으십니까?
Don't you think they are excellent?

¿ No cree usted que son de primera calidad ?
노 끄레에 우스뗏 께 손 데
쁘리메라 깔리닷

예, 그렇게 생각합니다.
Yes, I do.

SI, asI lo creo.
씨 아씨 로 끄레오

이것을 사겠습니다.
I'll take this one.

Me quedaré con éste.
메 께다레 꼰 에스떼

22. 문방구점에서

우리말 / 영어
(At the stationery's)

스페인어
(En la papelería)

안녕하십니까.
Good afternoon!

Buenas tardes.
부에나스 따르데스

무엇을 드릴까요?
How can I help you?

¿ En qué puedo servirle ?
엔 께 뿌에도 세르비를레

무엇을 드릴까요?
Is there anything I can do for you?

¿ Qué desea usted ?
께 데세아 우스뗏

편지지와 봉투가 필요합니다.
I want to buy a writing pad and envelopes.

Quisiera papel de carta y sobres.
끼씨에라 빠뻴 데 까르따 이 소브레스

인철지를 주십시오.
Give me some ruled paper.

Déme papel rayado.
데 메 빠뻴 ㄹ라야도

전지(全紙)입니까,
보통 절반지입니까?
Do you wish the large size or the common size?

¿ Prefiere papeles grandes u ordinarios ?
쁘레피에레 빠뻴레스 그란데스 우 오르디나리오스

중판지를 원합니다.
I want the medium size.

Los quiero medianos.
로스 끼에로 메디아노스

연필을 1다스 주십시오.
Give me a dozen of pencils.

Déme una docena de lápices.
데 메 우나 도세나 데 라삐세스

블루 블랙잉크를 한병
주십시오.
*Give me a bottle of
blue-black ink.*

Déme una botella de tinta azul
데 메 우나 보떼야 데 띤따 아술
oscura.
오스꾸라

만년필은 있습니까?
Have you any fountainpens?

¿ Se venden aquí estilográficas ?
세 벤 덴 아끼 에스띨로그라피까스

많이 있습니다.
*Yes, sir. We have lots
of them.*

SI, señor. Tenemos un gran
씨 세뇨르 떼네모스 운 그란
surtido.
수르띠도

보여 주시지 않겠습니까?
Will you show me them?

¿ Me las quiere enseñar ?
메 라스 끼에레 엔세냐르

알겠습니다.
Certainly, sir.

Perfectamente, señor.
뻬르휅따멘떼 세뇨르

이리 오십시오.
This way, please.

Pase por aquí.
빠세 뽀르 아끼

이쪽 것은 우수한 국산품
입니다.
*These are the home
products of superior quality.*

Estas son de fabricación nacional
에스따스 손 데 파브리까씨온 나씨오날
de alta calidad.
데 알따 깔리닷

그쪽 것은 외국제품입니다.
*Those are the manufactures
of foreign contries.*

Esas son de fabricación
에사스 손 데 파브리까씨온
extranjera.
엑스뜨란헤라

이건 어떻습니까?
How about this?

¿ Prefiere usted ésta ?
쁘레피에레 우스뗏 에스따

그것을 좋다고 생각하시지 않습니까?
Don't you think it is good?

¿ No le parece buena ésta ?
노 레 빠레세 부에나 에스따

예, 좋다고 생각합니다.
Yes, I do.

Sí, así es.
씨 아씨 에스

그러면 그것을 사주십시오.
Please take it, then.

Pues, quédese con ésta.
뿌에스 께데세 꼰 에스따

사겠습니다.
I'll take it.

Me quedo con ésta.
메 께도 꼰 에스따

고맙습니다.
Thank you very much.

Muchas gracias.
무 차 스 그라씨아스

달리 또 사실건 없으신지요?
Anything else, sir?

¿ Desea algo más ?
데세아 알고 마스

그림엽서가 있습니까?
Do you sell any picture cards?

¿ Se venden aquí tarjetas postales ilustradas ?
세 벤 덴 아끼 따르헤따스
뽀스딸레스 일루스뜨라다스

예, 있습니다.
Yes, sir.

Sí, señor.
씨 세뇨르

보여 주십시오.
Show me them.

Enséñemelas, por favor.
엔세네멜라스 뽀르 파보르

보여 주시지 않겠습니까?
Will you show me them?

¿ Quiere usted enseñármelas ?
끼에레 우스뗏 엔세냐르멜라스

2층에 있습니다.
They are on the second floor.

Las tenemos en el piso segundo.
라스 떼네모스 엔 엘 삐소 세군도

아무쪼록 2층에 올라가서서 보십시오.
Please go upstairs and see them.

Suba al piso segundo y véalas, por favor.
수바 알 삐소 세군도 이 베알라스 뽀르 파보르

아무쪼록 2층에 올라가서서 보십시오.
Please take the trouble to go upstairs and see them.

Haga el favor de subir al piso segundo y verlas, señor.
아가 엘 파보르 데 수비르 알 삐소 세군도 이 베를라스 세뇨르

앨봄은 있습니까?
Have you any albums?

¿Tiene usted álbumes?
띠에네 우스뗏 알부메스

다 팔려 버렸습니다.
They are sold out.

Están agotados, señor.
에스딴 아고따도스 세뇨르

안됐습니다만 가지고 있는 것이 하나도 없습니다.
I am sorry, we have not any.

Lo siento mucho, pero ahora no tenemos ninguno.
로 씨엔또 무초 뻬로 아오라 노 떼네모스 닌구노

23. 은행에서

우리말 / 영어
(At the bank)

스페인어
(En el banco)

안녕하십니까.
Good morning!

Buenos días.
부에노스 디아스

무슨 일이십니까?
What can I do for you?

¿En qué puedo servirle?
엔 께 뿌에도 세스비를레

무슨 용건이십니까?
May I help you?

¿Qué desea usted?
께 데세아 우스뗏

외화를 바꿔 주십사는 겁니다.
I want to have my foreign money changed.

Quisiera que me cambie divisas extranjeras.
끼씨에라 께 메 깜비에 디비사스
엑스뜨란헤라스

미국 달러를 뻬세따로 바꿔주시기 바랍니다.
I want to have my American dollars changed into pesetas.

Quisiera que me cambie dólares americanos en pesetas.
끼씨에라 께 메 깜비에 돌라레스
아메리까노스 엔 뻬세따스

알았습니다.
Certainly, with pleasure.

Con mucho gusto, señor.
꼰 무초 구스또 세뇨르

오늘의 환(換) 시세는 얼마입니까?
What is today's rate of exchange?

¿A cómo está el cambio de hoy?
아 꼬모 에스따 엘 깜비오 데
오이

이 은행에 예금을 하고 싶습니다.

Quisiera hacer un depósito en
끼씨에라 아세르 운 데뽀씨또 엔

120

I want to deposit money in this bank.

este banco.
에스떼 반 꼬

정기예금으로 하시겠습니까, 당좌예금으로 하시겠습니까?
Do you wish to place your money on fixed deposit or on current account?

¿Quiere hacer un depósito fijo
끼에레 아세르 운 데뽀씨또 피호
o una cuenta corriente?
오 우나 꾸엔따 꼬ㄹ리엔떼

나는 1만 뻬세따를 정기예금으로 2만뻬세따를 당좌예금으로 하고 싶습니다.
I wish to place ten thousand pesetas on fixed deposit and twenty thousand pesetas on current accout.

Quisiera tener un depósito fijo
끼씨에라 떼네르 운 데뽀씨또 피호
de diez mil pesetas y un
데 디에스 밀 뻬세따스 이 운
depósito en cuenta corriente de
데뽀씨또 엔 꾸엔따 꼬ㄹ리엔떼 데
veinte mil pesetas.
베인떼 밀 뻬세따스

알았습니다.
Very well, sir.

Muy bien, señor.
무이 비엔 세뇨르

이 용지에다 성함과 주소를 써 주십시오.
Please write your name and address on this paper.

Haga usted el favor de escribir
아가 우스뗏 엘 파보르 데 에스끄리삐르
su nombre y sus señas en esta
수 놈브레 이 수스 세냐스 엔 에스따
fórmula.
포르물라

이것은 예금증서와 예금 통장입니다.
Here are a deposit receipt and a deposit passbook.

Aquí tiene usted el certificado
아 끼 띠에네 우스뗏 엘 세르띠피까도
del depósito y la cartilla de
델 데뽀씨또 이 라 까르띠야 데
ahorros.
아오ㄹ로스

121

수표장을 얻을 수 있겠습니까?
Will you give me a check book?

¿ Podría conseguir un libro de
뽀드리아　꼰세기르　운　리브로 데
cheques ?
체 께 스

예, 드리겠습니다.
Yes, sir.

Sí, señor.
씨　세뇨르

나는 예금을 찾고 싶습니다.
I want to draw a deposit.

Quiero retirar el depósito.
끼에로　ㄹ레띠라르 엘 데뽀씨또

얼마를 찾으시겠습니까?
How much do you want to draw?

¿ Cuánto quiere usted retirar ?
꾸안또　끼에레　우스뗏　ㄹ레띠라르

5천뻬세따를 찾고 싶습니다.
I want to draw five thousand pesetas.

Quiero retirar cinco mil pesetas.
끼에로　ㄹ레띠라르　씬 꼬 밀　뻬세따스

조금 기다려 주십시오.
Please wait a moment.

Espere un momento.
에스뻬레　운　모멘또

이것은 번호표입니다.
Here's your number plate.

Tenga usted esta ficha, señor.
뗀가　우스뗏 에스따 피 차　세뇨르

기다리시게 해서 미안합니다.
Sorry to have kept you waiting.

Siento mucho haberle hecho
씨엔또　무초　아베를레　에초
esperar.
에스뻬라르

나는 뉴욕에 송금하고
싶습니다.
I want to send money to New York.

Quisiera hacer una remesa para
끼씨에라　아세르 우나　ㄹ레메사　빠라
Nueva York.
누에바　요르끄

그곳에 이 은행의 지점이
있습니까?
*Have you a branch office
in that city?*

¿ Tienen ustedes sucursal
띠에넨 우스떼데스 수꾸르살
ahí ?
아이

예, 있습니다.
Yes, we have.

SÍ, señor.
씨 세뇨르

아닙니다, 그곳에 지점은
없습니다만, 거래은행이
있습니다.
*No, we haven't a branch
office there, but we have a
correspondent bank.*

No, no tenemos sucursal, pero
노 노 떼네모스 수꾸르살 뻬로
tenemos un banco corresponsal.
떼네모스 운 반꼬 꼬ㄹ레스뽄살

뉴욕의 지점(거래은행)
앞으로 1만뻬세따의
환어음을 진출해 주십시오.
*Please draw a bill of
exchange on your branch
office (correspondent bank)
of New York for the sum
of ten thousand pesetas.*

Haga el favor de librar una letra
아가 엘 파보르 데 리브라르 우나 레뜨라
de cambio a cargo de su
데 깜비오 아 까르고 데 수
sucursal (banco corresponsal)
수꾸르살 반꼬 꼬ㄹ레스뽄살
en Nueva York por un valor de
엔 누에바 요르끄 뽀르 운 발로르 데
diez mil pesetas.
디에스 밀 뻬세따스

알겠습니다.
Certainly, sir.

Conforme, señor.
꼰포르메 세뇨르

24. 호텔에서

우리말 / 영어
(At the hotel)

스페인어
(En el hotel)

비어 있는 방이 있습니까?
Have you got any vacant room?

¿ Tienen ustedes habitaciones
띠에넨 우스떼데스 아비따씨오네스
libres ?
리브레스

어떤 방을 원하십니까?
What kind of room do you want?

¿ Qué clase de habitación
께 끌라세 데 아비따씨온
quiere usted ?
끼에레 우스뗏

남향(南向)의 조용한 방을 원합니다.
I prefer a quiet room facing the south.

Prefiero una habitación
쁘레피에로 우나 아비따씨온
tranquila que dé al sur.
뜨란낄라 께 데 알 수르

강을 바라보는 방이 하나, 도로쪽으로 향한 방이 둘 비어 있습니다.
We have a vacant room on the rivver and two others on the street.

Tenemos una habitación libre
떼네모스 우나 아비따씨온 리브레
que mira al río y dos que dan
께 미 라 알 ㄹ리오 이 도스 께 단
a la calle.
아 라 까 예

조용한 방을 하나 치워 주실 수 없겠습니까?
Can you give me a quiet room?

¿ No puede usted proporcionarme
노 뿌에 데 우스뗏 쁘로뽀르씨오나르메
una habitación tranquila ?
우나 아비따씨온 뜨란낄라

나는 강을 바라보는 방을 원합니다.

Prefiero la que mira al río.
쁘레피에로 라 께 미라 알 ㄹ리오

I prefer the room on the river.

강을 바라보는 방을 보여 주시지 않겠습니까?
Will you let me see the room on the river?

¿ Quiere enseñarme la que mira al río ?
끼에레 엔세나르메 라 께 미 라 알 ㄹ리오

그 방을 보여 주십시오.
Let me see that room.

Enséñeme esa habitación.
엔 세 녜 메 에사 아비따씨온

알겠습니다.
With pleasure, sir.

Con mucho gusto, señor.
꼰 무초 구스또 세뇨르

이리 오십시오.
This way, please.

Pase por aquí.
빠 세 뽀르 아 끼

그 방은 2층입니까, 3층입니까?
Is the room in the second floor on in the third floor?

¿ Esa habitación está en el piso segundo o en el tercero ?
에사 아비따씨온 에스따 엔 엘 삐 소 세군도 오 엔 엘 떼르세로

2층입니다.
It is in the second floor.

Está en el segundo piso.
에스따 엔 엘 세군도 삐소

침대 하나의 방을 원하십니까, 2대의 방을 원하십니까?
Do you want a single or a double room?

¿ La quiere con una o con dos camas ?
라 끼에레 꼰 우나 오 꼰 도스 까 마 스

욕실이 딸린 침대 하나의 방을 원합니다.
I want a single room with a bath.

La quiero con una cama y con cuarto de baño.
라 끼에로 꼰 우나 까마 이 꼰 꾸아르또 데 바 뇨

침대가 2개 있는 방을 원합니다.
I want a room with twin beds.

La quiero con dos camas.
라 끼에로 꼰 도스 까마스

더블 베드가 있는 방을 원합니다.
I want a room with a double bed.

La quiero con cama para dos personas (cama matrimonial).
라 끼에로 꼰 까마 빠라 도스 뻬르소나스 까마 마뜨리모니알

이 방은 어떻습니까?
How about this room?

¿Qué le parece esta habitación?
께 레 빠레세 에스따 아비따씨온

이 방은 너무 큽(너무 작습)니다.
This room is too large (small).

Esta habitación es demasiado grande (pequeña).
에스따 아비따씨온 에스 데마씨아도 그란데 뻬께냐

좀 더 작은(큰) 방을 원합니다.
I want a smaller (larger) one.

Quiero una habitación más pequeña (grande).
끼에로 우나 아비따씨온 마스 뻬께냐 그란데

나에게는 더 작은 방이 좋습니다.
A smaller room will suit me.

Me conviene una más pequeña.
메 꼰비에네 우나 마스 뻬께냐

더 좋은 방은 없습니까?
Have you anything better?

¿Tienen ustedes una mejor?
띠에넨 우스뻬데스 우나 메호르

예, 하나 있습니다.
Yes, we have one.

Sí, tenemos otra.
씨 떼네모스 오뜨라

아닙니다, 없습니다.
No, we have not any.

No, no la tenemos.
노 노 라 떼네모스

126

이 방은 마음에 드셨습니까? | ¿ Le gusta esta habitación ?
Does this room suit you? | 레 구스따 에스따 아 비 따 씨 온

예, 좋습니다. | SÍ, me conviene esta habitación.
Yes, this room will do. | 씨 메 곤비에네 에스따 아비따씨온

이 방은 아주 마음에 들었습니다. | SÍ, me gusta mucho esta habitación.
This room please me very much. | 씨 메 구스따 무초 에스따 아 비 따 씨 온

창으로 도시가 전부 보이는군요. | A través de la ventana se ve toda la ciudad.
All the city is visible from the window. | 아 뜨라베스 데 라 벤 따 나 세 베 또 다 라 씨우닷

아, 좋은 조망(眺望)이다. | ¡ Qué paisaje más hermoso es éste !
What a fine view it is! | 께 빠이사헤 마스 에 르 모 소 에스 에스떼

이 방으로 하겠습니다. | Me quedo con esta habitación.
I'll take this room. | 메 께 도 꼰 에스따 아 비 따 씨 온

하루에 얼마입니까? | ¿ Cuánto cuesta por día ?
What is the rate per day? | 꾸 안 또 꾸에스따 뽀르 디 아

하루에 150 뻬세따입니다. | Cuesta ciento cincuenta pesetas diarias.
One hundred fifty pesetas per day. | 꾸에스따 씨엔또 씬꾸엔따 뻬세따스 디아리아스

좀 싸게 해 주실 수 없겠습니까? | ¿ No puede usted rebajar un
| 노 뿌에데 우스뗏 ㄹ레바하르 운

127

Won't you make it a little cheaper?

poco ?
뽀 꼬

10일 이상 머물러 주신다면
20퍼센트 할인해 드리겠습니다.
If you stay for more than ten days, we will make a reduction of twenty percent.

Si se aloja usted más de diez
씨 세 알로하 우스뗏 마스 데 디에스
días, podemos hacer una rebaja
디아스 뽀데모스 아세르 우나 ㄹ레바하
del 20 por ciento.
델 베인떼 뽀르 씨엔또

1주일 머물러 주신다면
15퍼센트 할인해 드리
겠습니다.
If you stay for a week, we will make a reduction of fifteen percent.

Si se queda usted por una
씨 세 께다 우스뗏 뽀르 우나
semana, podemos hacer un
세마나 뽀데모스 아세르 운
descuento del quince por ciento.
데스꾸엔또 델 낀세 뽀르 씨엔또

좋습니다, 그럼 나는 1주일
빌리겠습니다.
All right, I'll take it for a week, then.

Bueno, me quedaré aquí por
부에노 메 께다레 아끼 뽀르
una semana.
우나 세마나

내 짐을 올려다 주십시오.
Have my luggages taken up, please.

Suba usted mi equipaje, por
수 바 우스뗏 미 에끼빠헤 뽀르
favor.
파보르

짐을 운반케 해 주시지
않겠습니까?
Will you fetch my luggages?

Mande subir mi equipaje.
만 데 수비르 미 에끼빠헤

알겠습니다.
Yes, sir.

De acuerdo, señor.
데 아꾸에르도 세뇨르

이것은 이방의 열쇠입니다.
Here's the key of the room.

Aquí tiene usted la llave de su habitación.
아끼 띠에네 우스뗏 라 야베 데 수 아비따씨온

외출하실 때는 사무실에 맡겨 주십시오.
Please leave it to our office when you go out.

Déjela en la oficina (en el mostrador) cuando salga.
데헬라 엔 라 오피씨나 엔 엘 모스뜨라도르 꾸안도 살가

숙박자 명부에 기입해 주십시오.
Please sign in the hotel register.

Haga el favor de inscribirse en el registro de viajeros.
아가 엘 파보르 데 인스끄리비르세 엔 엘 ㄹ레히스뜨로 데 비아헤로스

예.
All right.

Sí, así lo haré.
씨 아씨 로 아레

미안합니다만 여기에 성함을 써 주겠습니까?
Will you please write your name here?

¿Quiere inscribirse aquí?
끼에레 인스끄리비르세 아끼

이걸로 좋습니까?
Is that well?

¿Basta con esto?
바스따 꼰 에스또

주소, 직업, 나이도 써주십시오.
Please write your address, your profession and your age.

Escriba también su dirección, su ocupación y su edad.
에스끄리바 땀비엔 수 디렉씨온 수 오꾸빠씨온 이 수 에닷

이걸로 좋습니다. 고맙습니다.
All right, sir. Thank you very much.

Está bien, muchas gracias.
에스따 비엔 무차스 그라씨아스

129

식사는 몇시에 됩니까?
When can we have meals?

¿A qué hora se sirve la comida?
아 께 오라 세 씨르베라 꼬 미 다

조반은 6시부터 8시까지,
점심은 11시부터 1시까지,
저녁은 5시부터 7시까지
입니다.
The breakfast, from six to eight; the lunch, from eleven to one and the supper, from five to seven.

El desayuno, de seis a ocho;
엘 데 사 유 노 데 세이스 아 오초
el almuerzo, de once a una;
엘 알무에르소 데 온세 아 우나
la cena, de cinco a siete.
라 세 나 데 씬 고 아 씨에떼

내일 아침 일찍 일어나고
싶습니다.
I want to get up early tomorrow morning.

Quiero levantarme temprano
끼에로 레반따르메 뗌쁘라노
mañana por la mañana.
마나나 뽀르 라 마나나

몇시에 깨워 드릴까요?
What time shall I call you?

¿A qué hora quiere usted que le llame?
아 께 오 라 끼에레 우스뗏 께 레 야 메

5시 반에 깨워 주십시오.
I want you to wake me at half past five.

Quiero que me llame a las cinco y media.
끼에로 께 메 야 메 아 라스 씬 꼬 이 메디아

알겠습니다.
Certainly, sir.

Bien, señor.
비엔 세뇨르

어김 없이 하겠습니다.
Without fail, sir.

Sin falta, señor.
씬 팔 따 세뇨르

이건 적지만 받으십시오.
Here's something for you.

Quédese con esta propina.
께 데 세 꼰 에스따 쁘로삐나

대단히 고맙습니다.
Thank you very much, sir.

Muchas gracias, señor.
무 차 스 그라씨아스 세뇨르

보이, 세탁해야 할 속옷이 있습니다.
Boy, I have underclothes to be washed.

Camarero, tengo algo de ropa interior para lavar.
까마레로 뗀 고 알고 데 ㄹ로빠
인떼리오르 빠라 라바르

그것을 세탁소에 보내 주십시오.
Please send them to the laundry.

Quiero que mande estas cosas a la lavandería.
끼에로 께 만데 에스따스 꼬사스
아 라 라반데리아

이 바지에 다리미질을 해 주지 않겠습니까?
Will you iron these trousers?

¿Quiere plachar estos pantalones?
끼에레 쁠란차르 에스또스
빤딸로네스

급하십니까?
Are you in a hurry?

¿Tiene usted prisa?
띠에네 우스뗏 쁘리사

예.
Yes, I am.

Sí.
씨

내일 아침 내방에서 식사를 하고 싶습니다.
Tomorrow I want to have breakfast in my room.

Mañana quisiera tomar el desayuno en mi habitación.
마 나 나 끼씨에라 또마르 엘
데 사 유 노 엔 미 아비따씨온

목욕은 몇시에 할 수 있습니까?

¿A qué hora puedo tomar un
아 께 오라 뿌에도 또마르 운

What time can I take a bath?

baño ?
바뇨

몇시라도 좋습니다.
At any time.

Cuando usted quiera.
꾸 안 도 우스뗃 끼에라

형편이 좋으실 때에.
At your convenience.

Cuando le convenga.
꾸 안 도 레 꼰 벤 가

욕실은 어딥니까?
Where is the bathroom?

¿ Dónde está el cuarto de baño ?
돈 데 에스따 엘 꾸아르또 데 바 뇨

식당은 어딥니까?
Where is the dining hall?

¿ Dónde está el comedor ?
돈 데 에스따 엘 꼬메도르

화장실은 어딥니까?
Where is the toilet?

¿ Dónde está el toilet ?
돈 데 에스따 엘 또일렛

나는 내일 아침 일찍
출발하지 않으면 안 됩니다.
I have to leave early tomorrow morning.

Tengo que partir mañana
뗀 고 께 빠르띠르 마 나 나
temprano.
뗌 쁘 라 노

나는 오늘 저녁 출발합니다.
I'm leaving this evening.

Parto esta tarde.
빠르또 에스따 따르데

계산서를 가져와 주십시오.
Bring me my bill.

Traiga la cuenta.
뜨라이가 라 꾸엔 따

보이, 계산서를 가져오시오.
Boy, give me the bill, please.

Camarero, déme la cuenta, por
까마레로 데메 라 꾸엔따 뽀르
favor.
파보르

조금 기다려 주십시오.	**Un momento, señor.**
One moment, please.	운　모 멘 또　세뇨르

택시를 불러 주십시오.	**Hágame el favor de llamar un**
Please call me a taxi.	아 가 메　엘 파보르 데　야마르　운
	taxi.
	딱 씨

고맙습니다.	**Gracias, adiós.**
Thank you, and good-bye.	그라씨아스 아디오스

25. 음식점에서

우리말 / 영어
(At a restaurant)

스페인어
(En el restaurante)

당신은 시장하지 않습니까?
Don't you feel hungry?

¿No tiene usted hambre?
노 띠에네 우스뗏 암 브 레

예, 나는 시장합니다.
Yes, I feel hungry.

SI, tengo hambre.
씨 뗀 고 암 브 레

나는 대단히 시장합니다.
I am faint with hungry.

Tengo mucha hambre.
뗀 고 무 차 암 브 레

나는 대단히 시장합니다.
I am very hungry.

Me muero de hambre.
메 무에로 데 암 브 레

음식점에 가서 함께 식사를 하지 않겠습니까?
What do you say to dining with me at a restaurant?

¿Qué le parece ir a cenar conmigo a un restaurante?
께 레 빠레세 이르 아 세나르
꼰 미 고 아 운 ㄹ레스따우란떼

예, 기꺼이.
With great pleasure.

Con mucho placer.
꼰 무 초 쁠라세르

택시로 갑시다.
Let's go by taxi.

Tomemos un taxi.
또 메 모 스 운 딱씨

음식점에 왔습니다.
Here we are at the restaurant.

Ya llegamos al restaurante.
야 예 가 모 스 알 ㄹ레스따우란떼

2층으로 올라갑시다.
Let's go upstairs.

Subamos al primer piso.
수 바 모 스 알 쁘리메르 삐 소

안녕하십니까! *Good evening.*	**Buenas tardes.** 부에나스 따르데스
보이, 비어있는 좌석이 있습니까? *Waiter, is there a vacant table?*	**¡ Camarero ! ¿ Hay alguna mesa libre ?** 까마레로 아이 알구나 메사 리브레
예, 있습니다. *Yes.*	**Sí, señores.** 씨 세뇨레스
어딥니까? *Where is it?*	**¿ Dónde está ?** 돈데 에스따
저기 창가입니다. *It is by the window over there.*	**Allá junto a la ventana.** 아야훈또 아라 벤따나
이리 오십시오. *This way, please.*	**Pasen por aquí, señores.** 빠센 뽀르 아끼, 세뇨레스
이 테이블에 앉아도 좋습니까? *May we take our seats at this table?*	**¿ Podemos sentarnos en esta mesa ?** 뽀데모스 센따르노스 엔 에스따 메사
예, 좋습니다. *Yes, you may.*	**Sí, señores.** 씨 세뇨레스
마침 2인분의 식기가 나왔습니다. *There are just two dinner sets.*	**Aquí tenemos preparados dos cubiertos en esta mesa.** 아끼 떼네모스 쁘레빠라도스 도스 꾸비에르또스 엔 에스따 메사

보이, 메뉴를 갖다 주십시오.
Waiter, bring us the menu.

Camarero, tráiganos el menú.
까 마 레 로 뜨라이가노스 엘 메 누

보이, 메뉴를 보여주시오.
Waiter, let us see the menu.

Camarero, a ver el menú.
까 마 레 로 아 베르 엘 메 누

가져왔습니다.
Here it is.

Aquí tienen ustedes.
아 끼 띠에넨 우스떼데스

특정음식으로 하시겠습니까, 정식으로 하시겠습니까?
Which do you prefer, à la carte or the table d'hôte?

¿Qué prefieren ustedes, a la carta o de cubierto?
께 쁘레피에렌 우스떼데스 아 라 까르따 오 데 꾸비에르또

특정음식으로 하겠습니다.
We prefer à la carte.

Preferimos comer a la carta.
쁘레페리모스 꼬메르 아 라 까르따

뭘 드시겠습니까?
What will you have to eat?

¿Qué van a tomar?
께 반 아 또마르

빵과 수프와 굴프라이와 비프스테이크와 야채 샐러드를 가져와 주십시오.
Bring us bread, potage, fried oyster, beefsteak and vegetable salad.

Tráiganos pan, sopa, ostras fritas, bistec y ensalada.
뜨라이가노스 빤 소빠 오스뜨라스 프리따스 비스떽 이 엔살라다

음료는?
Anything to drink?

¿Desean algo de beber?
데 세 안 알 고 데 베베르

백포도주를 한병 갖다 주십시오.
Bring us a bottle of white wine.

Tráiganos una botella de vino blanco.
뜨라이가노스 우나 보떼야 데 비 노 블란고

136

보이, 나는 아주 목이 말라 있으니까 물을 주시오.
Waiter, I'm very thirsty. Give me some water.

Camarero, tengo mucha sed.
까마레로 뗀고 무차 셋
Deme agua.
데메 아구아

달리 또 주문하실 일이 있습니까?
Anything else?

¿Desean alguna otra cosa?
데세안 알구나 오뜨라 꼬사

커피를 주십시오.
Bring us some coffee.

Tráiganos café.
뜨라이가노스 까페

바나나를 원합니다.
We want bananas.

Queremos bananas.
께레모스 바나나스

보이, 계산서를 가져 오십시오.
Waiter, bring us the bill.

Camarero, la cuenta.
까마레로 라 꾸엔따

예, 곧 가져오겠습니다.
All right, sir. I won't keep you long.

Sí, señores, enseguida.
씨 세뇨레스 엔세기다

이제 곧.
In a minute, sir.

Ahora mismo.
아오라 미스모

가져왔습니다.
Here it is.

Aquí la tiene.
아끼 라 띠에네

내 몫은 나에게 지불케 해 주십시오.
Let me pay my share, please.

Déjeme pagar mi parte.
데헤메 빠가르 미 빠르떼

아닙니다. 오늘밤은 제가 한 턱 내겠습니다.

No, esta noche usted es mi
노 에스따 노체 우스뗏 에스 미

137

No, it is my treat this evening.

invitado.
인 비 따 도

대단히 감사합니다.
Many thanks.

Muchas gracias.
무 차 스 그라씨아스

천만에.
It's nothing.

No hay de qué.
노 아 이 데 께

천만에.
Not at all.

De nada.
데 나 다

어서 오십시오.
Good evening, sir.

Buenas noches, señor.
부에나스 노체스 세뇨르

무얼 드시겠습니까?
What do you want?

¿ Qué desea usted ?
께 데세아 우스뗏

저녁을 먹으려고 합니다.
I would like to have supper.

Quisiera cenar.
끼씨에라 세나르

알겠습니다.
Very well, sir.

Muy bien, señor.
무이 비엔 세뇨르

메뉴를 보여 주십시오.
Let me see the menu.

Enséñeme el menú.
엔 세 녜 메 엘 메 누

정식으로 식사를 하시겠습니까, 특정음식으로 하시겠습니까?
Do you wish a regular dinner or dishes à la carte?

¿ Prefiere de cubierto o a la carta ?
쁘레피에레 데 꾸비에르또 오 아 라 까르따

정식으로 식사를 하려고 합니다.
I'd like a regular dinner.

Prefiero de cubierto.
쁘레피에로 데 꾸비에르또

음료수는 무얼 드시겠습니까? Y de bebidas, ¿ qué quiere
What drink do you wish? 이 데 베비다스 께 끼에레
  tomar ?
  또 마 르

맥주를 한잔 주십시오. **Quiero un vaso de cerveza.**
I want a glass of beer. 끼에로 운 바 소 데 세르베사

저녁은 어떤 것을 준비 해 **¿ Qué hay de cena ?**
주시겠습니까? 께 아이 데 세나
What shall I have for supper?

정식이면, 말강수프, 마요네즈를 Si usted elige el cubierto, se le
바른 새우, 비프스테이크, 씨 우스뗏 엘리헤 엘 꾸비에르또 세 레
연계 스튜와 야채요리입니다. **servirá consomé, langosta con**
If you take the table d'hôte 세르비라 꼰 소 메 란고스따 꼰
dinner, you will have **mayonesa, bistec, pollo guisado**
consommé, lobster à la 마요네사 비스떽 뽀요 기사도
sauce mayonnaise, beefsteak, **y ensalada de legumbres.**
stewed chicken and vegetable 이 엔살라다 데 레굼브레스
salade.

디저트는 사과, 바나나와 **De postre hay manzanas,**
아이스크림입니다. 데 뽀스뜨레 아이 만사나스
As dessert, you will have **bananas y helados.**
apples, bananas and icecream. 바나나스 이 엘라도스

커피를 드시겠습니까, **¿ Toma usted café o té ?**
홍차를 드시겠습니까? 또 마 우스뗏 까페 오 떼
Which do you prefer,
coffee or tea?

커피를 들겠습니다. **Prefiero café.**
I prefer coffee. 쁘레피에로 까페

계산서를 주십시오.
Give me the bill, please.

Déme la cuenta.
데 메 라 꾸엔따

보이, 계산서를 가져와
주시오.
Waiter, bring me the bill.

Camarero tráigame la cuenta.
까 마 레 로 뜨라이가메 라 꾸엔따

여기 있습니다, 150뻬세따,
거스름은 필요 없습니다.
Here's one hundred fifty pesetas. You may keep the change.

Aquí tiene usted ciento
아끼 띠에네 우스뗏 씨엔또
cincuenta pesetas. Quédese con
씬꾸엔따 뻬세따스 께 데 세 꼰
el cambio.
엘 깜비오

대단히 감사합니다.
Thank you very much.

Muchas gracias.
무 차 스 그라씨아스

26. 식탁에서

우리말 / 영어
(At the table)

스페인어
(A la mesa)

잘 와 주셨습니다.
You are welcome.

Sea usted bienvenido.
세아 우스뗏 비엔베니도

초대해 주셔서 감사합니다.
Thank you for your invitation.

Muchas gracias por su invitación.
무차스 그라씨아스 뽀르 수
인비따씨온

천만에 말씀.
It's nothing.

De nada.
데 나다

저녁 준비가 되었습니다.
Supper is ready.

La cena está lista.
라 세나 에스따 리스따

식탁에 앉아 주십시오.
Please sit down at the table.

Tome asiento, por favor.
또메 아씨엔또 뽀르 파보르

식탁에 앉으십시다.
Let's sit at the table.

Vamos a la mesa.
바모스 아 라 메사

식탁에 앉아 주십시오.
Will you please sit at the table?

¿Quiere sentarse a la mesa?
끼에레 센따르세 아 라 메사

함께 식사를 하게 되어서 대단히 기쁘게 생각합니다.
I'm very glad to have dinner with you.

Estoy encantado de cenar con usted.
에스또이 엔깐따도 데 세나르 꼰
우스뗏

저 역시 그렇습니다.
So am I.

Yo también.
요 땀비엔

댁에 계신 것과같이 마음 푹 놓아주십시오.
Please make yourself at home.

Siéntese como en su casa.
씨엔떼세 꼬모 엔 수 까사

무엇을 가장 좋아하십니까?
What do you like most?

¿Qué le gusta más?
께 레 구스따 마스

나는 먹는것에 그렇게 싫고 좋고가 없습니다.
I have no preference of food.

No tengo ninguna preferencia en la comida.
노 뗀고 닌구나 쁘레페렌씨아
엔 라 꼬미다

진한 수프와 맑은수프와 어느 것이 좋습니까?
Which do you prefer, potage or consommé?

¿Qué sopa prefiere, puré o consomé?
께 소빠 쁘레피에레 뿌레 오
꼰소메

어느 것이라도 좋습니다.
It's all the same to me.

Me da lo mismo (Me es igual).
메 다 로 미스모 메 에스 이구알

새우 튀김(굴 튀김)을 드시겠습니까?
Do you eat fried lobster (fried oyster)?

¿Toma langosta frita (ostras fritas)?
또마 랑고스따 프리따 오스뜨라스
프리따스

예, 들겠습니다.
With great please.

Con mucho gusto, señora.
곤 무초 구스또 세뇨라

나는 새우 튀김을 아주 좋아합니다.
I like fried lobster very much.

Me gustan mucho las langostas fritas.
메 구스딴 무초 라스 랑고스따스
프리따스

그럼, 새우튀김을
드리겠습니다.
*Then, I will offer you
fried lobster.*

Entonces, voy a ofrecerle una
엔 똔 세 스   보이 아 오프레세를레   우나
langosta frita.
란 고 스 따   프리따

그거 대단히 고맙습니다.
I am much obliged to you.

Muchas gracias.
무 차 스   그라씨아스

쇠고기와 돼지고기 어느
쪽을 원하십니까?
*Which do you prefer, beef
or pork?*

¿ Prefiere carne de vaca o
쁘레피에레 까르네   데   바까 오
de puerco ?
데 뿌에르꼬

쇠고기가 좋습니다.
I prefer beef.

Prefiero de vaca.
쁘레피에로 데   바까

로스트·비프를 드시겠습니까?
Can I offer you roast beef?

¿ Me permite ofrecerle rosbif ?
메   뻬르미떼 오프레세를레   로스비프

예.
Yes, madam.

Sí, señora.
씨   세뇨라

그 치큰·스튜를 드십시오.
*Please take this stewed
chicken.*

Haga el favor de tomar guisado
아 가 엘 파보르   데   또마르 기사도
de pollo.
데 뽀요

여기에 셀러리, 아스파라가스,
샐러드와 프라이드·포테이토
가 있습니다.
*Here are celery, asparagus,
salad and fried potatoes.*

Aquí tiene apio, espárragos,
아 끼 띠에네 아삐오 에스빠ㄹ라고스
ensalada y patatas fritas.
엔 살 라 다   이 빠따따스   프리따스

많이 드십시오.
Help yourself freely.

Sírvase usted mismo.
씨르비세 우스뗏   미 스 모

아닙니다, 많이 먹었습니다.
No, thank you.

No, gracias.
노 그라씨아스

조금도 드시지 않는군요.
You don't take a bit.

Usted no come nada.
우스뗏 노 꼬메 나다

많이 들었습니다.
I have eaten with a good appetite.

He comido muy a gusto.
에 꼬미도 무이 아 구스또

충분히 들었습니다.
I have had quite enough.

He comido bastante.
에 꼬미도 바스딴떼

커피와 홍차, 어느쪽이 좋습니까?
Which do you prefer, coffee or tea?

¿ Qué prefiere, café o té ?
께 쁘레피에레 까페 오 떼

커피를 들겠습니다.
Please give me coffee.

Café, por favor.
까페 뽀르 파보르

블랙 커피가 좋습니까?
Do you take black coffee?

¿ Quiere café solo ?
끼에레 까페 솔로

아닙니다. 밀크들이 커피를 들겠습니다.
No, I want to have café au lait.

No, con leche.
노 꼰 레체

우유를 조금 쳐 주십시오.
A little of milk, please.

Un poco de leche, por favor.
운 뽀꼬 데 레체 뽀르 파보르

블랙 커피는 너무 쓰니까 좋아하지 않습니다.

No me gusta el café solo,
노 메 구스따 엘 까페 솔로

I don't like black coffee, because it is too bitter.

porque es demasiado amargo.
뽀르께 에스 데마씨아도 아마르고

브랜디를 넣은 커피를 드시겠습니까?
Do you wish to take coffee with a little of brandy?

¿ Lo quiere tomar con un poco de aguardiente ?
로 끼에레 또마르 꼰 운 뽀꼬 데 아구아르디엔떼

커피에 브랜디를 조금 넣을까요?
Can I put a little brandy in your coffee?

¿ Puedo ponerle un poco de aguardiente a su café ?
뿌에도 뽀네를레 운 뽀꼬 데 아구아르디엔떼 아 수 까페

아주 조금만 쳐 주십시오.
A bit of brandy, please.

Un poquito nada más, por favor.
운 뽀끼또 나다 마스 뽀르 파보르

포도주를 더 드십시오.
Please take more wine.

Sírvase tomar un poco más de vino.
씨르바세 또마르 운 뽀꼬 마스 데 비노

고맙습니다만, 더 못들 겠습니다.
No more, thank you.

Gracias, pero ya no puedo más.
그라씨아스 뻬로 야 노 뿌에도 마스

너무 사양 마십시오.
Don't stand on ceremony.

No ande con tantos cumplimientos.
노 안데 꼰 딴또스 꿈쁠리미엔또스

이 아이스크림 맛은 어떻습니까?
How about this ice-cream?

¿ Cómo encuentra este helado ?
꼬모 엔꾸엔뜨라 에스떼 엘라도

이 아이스크림은 대단히 맛있습니다.

Este helado es excelente.
에스떼 엘라도 에스 엑셀렌떼

145

This ice-cream is very nice.

이 멜런을 들어주십시오. **Sírvase tomar el melón.**
Take this melon, please. 씨르바세 또마르 엘 멜론

친절하신 환대, 고맙게 생각합니다. **Le agradezco mucho su amable**
I thank you for your kind reception. 레 아그라데스꼬 무초 수 아마블레
acogida.
아꼬히다

천만에 말씀. **De ninguna manera.**
Not at all. 데 닌구나 마네라

27. 사진관에서

우리말 / 영어
(At a photographic studio)

스페인어
(En el estudio de fotografía)

내 사진을 찍어 주십시오.
I want to have my photograph taken.

Quiero que me saque una foto.
끼에로 께 메 사께 우나 포토

알겠습니다.
Certainly, sir.

Sí, señor.
씨 세뇨르

어떤 판형을 원하십니까?
What size do you wish?

¿Qué tamaño desea usted?
께 따마뇨 데세아 우스뗏

크기의 견본을 보여주십시오.
Let me see your samples of various sizes.

¿Me hace el favor de
메 아세 엘 파보르 데
enseñarme muestras de varios
엔세냐르메 무에스뜨라스 데 바리오스
tamaños?
따마뇨스

크기의 견본이 보고 싶습니다.
I want to see the samples of various sizes.

Quiero ver muestras de varios
끼에로 베르 무에스뜨라스 데 바리오스
tamaños.
따마뇨스

이겁니다.
Here they are.

Aquí tiene usted.
아끼 띠에네 우스뗏

카비네 형으로 해 주십시오.
I want a cabinet size.

Quiero el tamaño cabinet.
끼에로 엘 따마뇨 까비넷

명함판을 원합니다.
I want a carte-de-visite.

Quiero tamaño seis por nueve.
끼에로 따마뇨 세이스 뽀르 누에베

명함판은 얼마입니까?
How much do you charge for carte-de-viste?

¿Cuánto es el tamaño seis por nueve?
꾸안또 에스 엘 따마뇨 세이스 뽀르
누에베

한 세트에 60뻬세따입니다.
Sixty pesetas for a set.

Sesenta pesetas por un juego.
세센따 뻬세따스 뽀르 운 후에고

더 빼려면 한 장에 얼마입니까?
What is your charge for an additional copy?

¿Cuánto cobra usted por cada copia?
꾸안또 꼬브라 우스뗏 뽀르 까다
꼬삐아

한 장에 10뻬세따입니다.
Ten pesetas a copy.

Diez pesetas por cada copia.
디에스 뻬세따스 뽀르 까다 꼬삐아

전신으로 하시겠습니까?
Do you wish it full length?

¿Desea un retrato de cuerpo entero?
데세아 운 ㄹ레뜨라또 데 꾸에르뽀
엔떼로

예, 전신으로 하겠습니다.
Yes, I do.

Sí, de cuerpo entero.
씨 데 꾸에르뽀 엔떼로

아닙니다, 전신이 아닙니다. 반신쪽이 좋습니다.
No, I don't like it. I would like it half length.

No, deseo sólo de medio cuerpo.
노 데세오 솔로 데 메디오 꾸에르뽀

이 의자에 앉으십시오.
Please sit down on this chair.

Tenga la bondad de sentarse en esta silla.
뗀가 라 본닷 데 센따르세
엔 에스따 씨야

나는 서 있는 것으로 해 주십시오.
I wish to keep myself standing.

Quiero estar de pie.
끼에로 에스따르 데 삐에

그럼, 저쪽에 서 주십시오.
Then, please stand in that place.

Pues, póngase de pie allá, por favor.
뿌에스 뽄가세 데 삐에 아야 뽀르 파보르

얼굴을 (턱을) 조금 들어 주십시오.
Please lift your face (chin) a little.

Levante la cara (barba) un poco, por favor.
레반떼 라 까라 바르바 운 뽀꼬 뽀르 파보르

머리를 똑바로 해 주십시오.
Hold your head straight, please.

Mantenga la cabeza erguida, por favor.
만뗀가 라 까베사 에르기다 뽀르 파보르

이쪽을 봐 주십시오.
Look here, please.

Mire aquí, por favor.
미레 아끼 뽀르 파보르

얼굴을 너무 올리셨습니다.
You have lifted your face too much.

Ha puesto la cara demasiado hacia arriba.
아 뿌에스또 라 까라 데마씨아도 아씨아 아ㄹ리바

조금 더 얼굴을 숙여 주십시오.
Lower a little your head, please.

Baje un poco la cabeza, por favor.
바헤 운 뽀꼬 라 까베사 뽀르 파보르

이렇게요?
Like this?

¿ Así ?
아씨

예, 좋습니다.
Very good, sir.

Muy bien, señor.
무 이 비 엔   세 뇨 르

잠깐동안 움직이지 말아
주십시오. 예, 좋습니다.
Keep still a moment.
That's all.

No se mueva un segundo.
노 세   무 에 바   운   세 군 도
Ya está.
야   에스따

예, 찍었습니다.
Now, your picture is taken.

Ya está su foto.
야 에스따   수   포또

고맙습니다.
Thank you

Gracias.
그라씨아스

언제 다 됩니까?
When can I get the picture?

¿ Cuándo estará terminada ?
꾼 안 도 에스따라   떼 르 미 나 다

다음주 금요일에 됩니다.
On next Friday.

Para el próximo viernes.
빠라   엘   쁘록씨모   비에르네스

가지러 와 주시겠습니까?
Do you come to get
them?

¿ Pasará usted aquí para
빠사라   우스뗏   아끼   빠라
recogerlas ?
ㄹ레꼬헤를라스

가지러 올 수가 없으니
우편으로 보내주십시오.
I cannot come to get them.
Kindly send them by mail.

No puedo venir a recogerlas.
노 뿌에도 베니르 아 ㄹ레꼬헤를라스
Envíemelas por correo,
엔비에멜라스 뽀르 꼬ㄹ레오
por favor.
뽀르 파보르

주소는 여깁니다.
Here is my address.

Aquí tiene usted mi dirección.
아 끼   띠에네   우스뗏   미   디렉씨온

150

원판을 주실 수 있습니까?
Can you give me the negative plate?

¿ Podrá darme el negativo ?

뽀드라 다르메 엘 네가띠보

사진과 함께 보내 드리겠습니다.
I will send it to you with your picture.

Se lo enviaré con las fotos.

세 로 엔비아레 꼰 라스 포또스

28. 전화

우리말 / 영어
(Telephone)

스페인어
(El teléfono)

댁에 전화가 있으십니까?
Have you a telephone in your house?

¿ Tiene usted teléfono en su casa ?
띠에네 우스뗏 뗄레포노 엔 수 까사

예, 있습니다.
Yes, sir.

Sí, señor.
씨 세뇨르

전화번호는 몇 번입니까?
What is your telephone number?

¿ Cuál es su número de teléfono ?
꾸알 에스 수 누메로 데 뗄레포노

G...국의 2036번입니다.
My call number is G…2036.

Mi número es G…veinte, treinta y seis.
미 누메로 에스 헤… 베인떼 뜨레인따 이 세이스

전화번호부를 가지셨습니까?
Have you a telephone directory?

¿ Tiene una guía telefónica ?
띠에네 우나 기아 뗄레포니까

예, 있습니다.
Yes, I have.

Sí, la tengo.
씨 라 뗀고

어디에 있습니까?
Where is it?

¿ Dónde está ?
돈데 에스따

저기 선반 위에 있습니다.
It is on the shelf over there.

Está allá, sobre el estante.
에스따 아야 소브레 엘 에스딴떼

전화를 걸게 해 주실 수 없습니까? *May I use your telephone?*	¿ Puedo usar su teléfono ? 뿌에도 우사르 수 뗄레포노
예, 좋습니다. *Yes, you may.*	¡ Cómo no, señor ! 꼬모 노 세뇨르
(교환수에게) 여보세요! *Hello!*	(A la telefonista) ¡ Aló, señorita ! 아 라 뗄레포니스따 알로 세뇨리따
예, 예! 몇번으로? *Yes. What number?*	Sí, señor. ¿ Qué número ? 씨 세뇨르 께 누메로
부르고스 1240번으로. *Bugos 1240, please.*	Burgos, doce, cuarenta, 부르고스 도세 꾸아렌따 por favor. 뽀르 파보르
부르고스의 1240번을 부탁합니다. *Please give me Burgos 1240.*	Comuníqueme con el número 꼬무니께메 꼰 엘 누메로 1240 Burgos, por favor. 도세 꾸아렌따 부르고스 뽀르 파보르
부르고스의 1240번입니까? *Burgos one, two, four, cero?*	¿ Burgos, doce, cuarenta ? 부르고스 도세 꾸아렌따
그렇습니다. *Right.*	Sí, diga. 씨 디가
이어졌습니다. *Now, you are connected.*	Tiene usted conexión. 띠에네 우스뗏 꼬넥씨온
여보세요! *Hello!*	¡ Aló ! 알로

누구십니까?
Who is that?

¿ Con quién hablo ?
꼰 끼엔 아블로

김입니다.
This is Kim speaking.

Habla Kim.
아블라 김

김씨입니까? 저는 가르씨아의 안사람입니다.
Is that you, Mr. Kim? This is Madam García.

¿ Es usted el Sr. Kim ?
에스 우스뗏 엘 세뇨르 김
Habla la señora de García.
아블라 라 세뇨라 데 가르씨아

가르씨아와 통화하고 싶습니다.
May I speak to Mr. García?

¿ Podría hablar con el
뽀드리아 아블라르 꼰 엘
Sr. García ?
세뇨르 가르씨아

가르씨아씨가 전화까지 나와 주셨으면 합니다.
Will you ask Mr. García to answer to the telephone?

Haga el favor de llamar al
아 가 엘 파보르 데 야마르 알
Sr. García al teléfono.
세뇨르 가르씨아 알 뗄레포노

조금 기다려 주십시오.
Just a moment, please.

Un momento, por favor.
운 모멘또 뽀르 파보르

끊지 마시고 기다려 주십시오.
Hold the line, please.

No cuelgue, por favor.
노 꾸엘게 뽀르 파보르

끊지 마시도록.
Don't ring off.

No corte la llamada.
노 꼬르떼 라 야마다

여보세요! 김입니까? 가르씨아입니다.
Hello! Mr. Kim? This is García speaking.

¡ Aló ! ¿ Señor Kim ?
알로 세뇨르 김
Habla García.
아블라 가르씨아

기다리게 해서 미안합니다.	Dispénseme que le haya hecho esperar.
Sorry to have kept you waiting.	디스뻰세메 께 레 아야 에초 에스뻬라르

천만에.	No importa, señor.
It's nothing.	노 임뽀르따 세뇨르

김씨, 건강은 어떠하십니까?	¿ Cómo está usted, Sr. Kim ?
How do you do, Mr. Kim?	꼬모 에스따 우스뗏 세뇨르 김

고맙습니다, 건강합니다. 당신은?	Muy bien, gracias, ¿ y usted ?
Very well, thank you, and you?	무이 비엔 그라씨아스 이 우스뗏

나도 건강합니다.	Yo también.
I am well, too.	요 땀비엔

김씨, 용건은?	¿ Qué se le ofrece, Sr. Kim ?
What can I do for you?	께 세 레 오프레세 세뇨르 김

나는 내일 아침 바르셀로나로 떠나려 합니다.	Pienso partir mañana por la mañana para Barcelona.
I want to leave for Barcelona tomorrow morning.	삐엔소 빠르띠르 마냐나 뽀르 라 마냐나 빠라 바르셀로나

예, 뭐라고요?	Perdón, no oigo.
I beg your pardon?	뻬르돈 노 오이고

다시 한 번 말씀해 주시지 않겠습니까?	¿ Favor de repetir otra vez ?
Will you say it again?	파보르 데 ㄹ레뻬띠르 오뜨라 베스

내일 아침 나는 바르셀로나로 떠납니다.
Tomorrow morning I will leave for Barcelona.

Mañana por la mañana partiré para Barcelona.
마니아 뽀르 라 마니아 빠르띠레 빠라 바르셀로나

바르셀로나로 떠나신다고요?
For Barcelona?

¿ Para Barcelona ?
빠라 바르셀로나

예.
Yes, sir.

Sí, señor.
씨 세뇨르

한국에서 온 백부님을 뵈러 갑니다.
I'm going to see my uncle who has come from Korea.

Voy a ver a mi tío que vino de Corea.
보이 아 베르 아 미 띠오 께 비노 데 꼬레아

좀 더 큰(작은) 소리로 말씀해 주시지 않겠습니까?
Would you speak a little louder (lower)?

¿ Favor de hablar un poco más alto (bajo) ?
파보르 데 아블라르 운 뽀꼬 마스 알또 바호

알았습니다.
Certainly, sir.

Muy bien.
무이 비엔

그 곳에 며칠동안 머무르십니까?
How long will you stay there?

¿ Cuánto tiempo se quedará allí ?
꾸안또 띠엠뽀 세 께다라 아이

1주일 쯤입니다.
I will stay there for about a week.

Me quedaré allí alrededor de una semana.
메 께다레 아이 알르레데도르 데 우나 세마나

156

돌아오면 전화 걸겠습니다.
When I'll be back, I'll phone you.

Cuando vuelva, le llamaré por teléfono.
꾸안도 부엘바 레 야마레 뽀르 뗄레포노

아무쪼록 그렇게 해주십시오.
그럼 잘 다녀오십시오.
I beg you to do so.
So long.

Le ruego hacerlo asÍ.
레 ㄹ루에고 아세를로 아씨
Hasta pronto.
아스따 쁘론또

가족 여러분에게 안부말씀을.
Please remember me to all your family.

Salude a toda su familia.
살루데 아 또다 수 파밀리아

부인께 안부말씀을.
Please give my kind regards to your wife.

Recuerdos a su señora.
ㄹ레꾸에르도스 아 수 세뇨라

이 전화는 고장이 나서
사용하지 못합니다.
This telephone is out of order.

Este teléfono está roto.
에스떼 뗄레포노 에스따 ㄹ로또

전화가 혼선되어 있습니다.
Lines are entangled.

La lÍnea está enredada.
라 리네아 에스따 엔ㄹ레다다

통화중입니다.
Line's busy.

Está comunicado.
에스따 꼬무니까도

말씀하신게 잘 안들립니다.
I can't catch what you are saying.

¿Cómo dice? No oigo nada.
꼬모 디세 노 오이고 나다

여보세요! 아빌라의 2608번 입니까?
Hello! Is this Avila, two, six, o, eight?

¡Aló! ¿Esto es Avila veintiséis, cero, ocho?
알로 에스또 에스 아빌라 베인띠세이스 세로 오초

157

예, 그렇습니다.
Yes, it is.

SI, señor.
씨 세뇨르

아닙니다, 틀립니다.
No, it isn't.

No, señor.
노 세뇨르

끊어 주십시오.
Please ring off.

Favor de cortar.
파 보 르 데 꼬르따르

몇번에 거셨습니까?
What number did you ask?

¿ Qué número llamó usted ?
께 누메로 야모 우스뗏

나는 살리나스 0753으로
걸었습니다.
*I asked Salinas, o, seven,
five, three.*

Llamé a Salinas cero, siete,
야 메 아 살리나스 세로 씨에떼
cincuenta y tres.
씬꾸엔따 이 뜨레스

1통화에 얼맙니까?
*What is the charge for a
telephone call?*

¿ Cuánto es por una
꾸안또 에스 뽀르 우나
conferencia ?
꼰페렌씨아

나는 전화로 말하려 합니다.
*I want to talk over the
telephone.*

Quiero hablar por teléfono.
끼에로 아블라르 뽀르 뗄레포노

어젯밤 나는 아버지한테
전화를 걸었습니다.
*Last evening I called my
father on the telephone.*

Anoche llamé por teléfono a mi
아노체 아 메 뽀르 뗄레포노 아 미
padre.
빠드레

오늘 아침 나에게 전화가
걸려 왔습니다.
*This morning I was called
up on the telephone.*

Hoy por la mañana me han
오 이 뽀르 라 마나나 메 안
llamado por teléfono.
야마도 뽀르 뗄레포노

[주의] 호출식(呼出式) 전화에서 번호를 알릴 때 숫자를 말하는 법은, 번호를 2개씩 잇대어 부르든지, 혹은 하나씩 부르든지 한다.
보기: 0548은 (cero cinco cuarenta y ocho)
　　　혹은 (cero cinco cuatro ocho)

영어에서는 숫자를 하나씩 떼어 부른다. O은 오 또는 nought(노트)라 읽는다.
보기: 0548은 (O, five, four, eight)

29. 기차여행

우리말 / 영어
(Travelling by train)

스페인어
(Viaje en ferrocarril)

아, 역에 도착했습니다.
Now, we are at the station.

Ya estamos en la estación.
아 에스따모스 엔 라 에스따씨온

대합실은 어디입니까?
Where is the waiting room?

¿Dónde está la sala de espera?
돈 데 에스따 라 살라 데
에스뻬라

저깁니다.
It is over there.

Está allá.
에스따 아야

수하물취급소는 어디입니까?
Where is the luggage-office?

¿Dónde está la consigna?
돈 데 에스따 라 꼰씩나

출찰구는 어디입니까?
Where is the booking office?

¿Dónde está la taquilla?
돈 데 에스따 라 따끼야

철도 안내소는 어디입니까?
Where is the information office?

¿Dónde está la oficina de información?
돈 데 에스따 라 오피씨나 데
인포르마씨온

포터를 불러 주십시오.
Please go and bring a station porter with you.

Vaya a llamar a un mozo, por favor.
바야 아 야마르 아 운 모소
뽀르 파보르

포터가 왔습니다.
Here he is.

Ahí viene el mozo.
아이 비에네 엘 모소

포터, 이 하물을 수하물
취급소에 갖다 주십시오.
Porter, please carry these luggages to the luggage office.

¡ Mozo ! Lleve mi equipaje a la
모 소   에 베   미   에끼빠헤 아 라
consigna.
꼰 씩 나

승차권을 벌써 사셨습니까?
Have you already bought your ticket?

¿ Consiguió su billete ya ?
꼰 씨 기 오   수 비에 떼   야

아니, 아직 안샀습니다.
Not yet.

Todavía no.
또다비아   노

수하물을 맡기시려면
승차권이 필요합니다.
To have your baggages checked, you must have your ticket.

Para registrar sus equipajes,
빠라 ㄹ레히스뜨라르 수스 에끼빠헤스
antes tiene que comprar sus
안떼스 띠에네   께 꼼쁘라르 수스
billetes.
비에떼스

그럼, 내가 승차권을
사오겠습니다.
Then, I'll buy the tickets.

Bueno, voy a sacar nuestros
부에노   보이 아 사까르 누에스뜨로스
billetes.
비에떼스

어떤 기차에 타십니까?
What train do you take?

¿ En qué tren piensan ustedes
엔   께   뜨렌   삐엔산 우스떼데스
salir ?
살리르

11시 50분발 똘레도행
직행열차를 타려고 합니다.
We wish to take the 11:50 train for Toledo.

En el tren que sale directo a
엔 엘   뜨렌   께   살레 디렉또 아
las once y cincuenta para
라스 온세   이 씬꾸엔따   빠라
Toledo.
똘레도

몇등 승차권을 사시겠습니까?
What tickets do you wish to take?

¿ Qué clase desea usted ?
께 끌라세 데세아 우스뗏

1등 (2등)으로 하겠습니다.
I wish to take first-class (second-class) tickets.

Primera (Segunda).
쁘리메라 세 군 다

(출찰구에서) 똘레도행의 1등차표를 2장 주십시오.
(At the booking office) – Give me two first-class tickets for Toledo.

(En la ventanilla) – Dos de
엔 라 벤따니야 도스 데
primera clase para Toledo,
쁘리메라 끌라세 빠라 똘레도
por favor.
뽀르 파보르

똘레도, 1등 (2등), 왕복 승차권 2장.
Toledo, first (second), two return tickets!

Toledo, dos primeras
똘레도 도스 쁘리메라스
(segundas), ida y vuelta.
세군다스 이다 이 부엘따

얼마입니까?
How much?

¿ Cuánto es ?
꾸안또 에스

6백 뻬세따입니다.
You have to pay six hundred pesetas.

Son seiscientas pesetas.
손 세이씨엔따스 뻬세따스

포터, 차표를 사 왔습니다.
Porter, we have bought the tickets.

Mozo, aquí tiene nuestros
모 소 아 끼 띠에네 누에스뜨로스
billetes.
비에떼스

이 하물을 모두 맡기시겠습니까?
Do you wish to have all baggages checked?

¿ Quiere usted registrar todos
끼에레 우스뗏 ㄹ래히스뜨라르 또도스
los equipajes ?
로스 에끼빠헤스

162

아니오, 나는 이 가방을
차안으로 가져갑니다.
No, I'll take this bag with me.

No, esta maleta la llevaré conmigo.
노 에스따 말레따 라 예바레 꼰미고

함께 갈까요?
Will you come with me?

Vengan ustedes conmigo, por favor.
벤간 우스떼데스 꼰미고 뽀르 파보르

예, 가십시다.
Yes, we will.

Sí, vamos.
씨 바모스

똘레도 행 열차는 몇 번 홈에서 나갑니까?
From which platform will the train for Toledo leave?

¿ De qué andén sale el tren para Toledo ?
데 께 안덴 살레 엘 뜨렌 빠라 똘레도

똘레도 행 열차가 떠나기까지는 아직도 1시간 이상 있습니다.
We have more than one hour before the train leaves for Toledo.

Todavía falta más de una hora para que salga el tren para Toledo.
또다비아 팔따 마스 데 우나 오라 빠라 께 살가 엘 뜨렌 빠라 똘레도

역 구내식당에서 점심을 안 드시겠습니까?
Don't you wish to have lunch at the buffet?

¿ Qué le parece si almorzarnos en la cantina ?
께 레 빠레세 씨 알모르사모스 엔 라 깐띠나

예, 그렇게 하지요.
Yes, let's go.

Sí, vamos.
씨 바모스

역 구내식당은 어디 있습니까?
Where is the buffet?

¿ Dónde está la cantina ?
돈데 에스따 라 깐띠나

2층입니다.
It is in the first floor.

En el primer piso.
엔 엘 쁘리메르 삐소

위층으로 올라갑시다.
Let's go upstairs.

Subamos arriba.
수 바 모 스 아ㄹ리바

서두르십시오. 11시 50분의
열차는 곧 떠납니다.
Make haste, the 11:50 train is going to leave.

Apresúrese que el tren de las
아 쁘레수레세 께 엘 뜨렌 데 라스
11:50 va a salir.
온세 씬꾸엔따 바 아 살리르

서두릅시다.
Let's make haste.

Tenemos que apresurarnos.
떼 네 모 스 께 아쁘레수라르노스

(역직원) 똘레도행의
손님은 타 주십시오!
(Station employee)
The passengers for Toledo, get in!

(Empleado de la estación)
엠쁠레아도 데 라 에스따씨온
¡Para Toledo! ¡Señores
빠 라 똘레 도   세뇨레스
viajeros, al tren!
비아헤로스 알 뜨렌

이 차실(車室)은 비어
있습니다. 여기 타십시다.
Let's get in this car.
There are few passengers.

Subamos a este vagón que hay
수 바 모 스 아 에스떼 바 곤   께 아이
poca gente en el departamento.
뽀까 헨 떼 엔 엘 데 빠르 따 멘 또

이 역에는 몇분간 정차
합니까?
How long will the train stop here?

¿Cuántos minutos para aquí el
꾸안또스 미 누 또 스 빠라 아 끼 엘
tren?
뜨 렌

10분간 정거합니다.
It stops for ten minutes.

Aquí para diez minutos.
아끼 빠 라 디에스 미 누 또 스

이 열차는 N.역에서 정거하지요?
This train stops at N. station, doesn't it?

¿ Para este tren en la estación N. ?
빠라 에스떼 뜨렌 엔 라 에스따시온 에네

N.는 큰 역이니까 어떤 열차고 정거합니다.
As N. is a great station, all the trains stop there.

Como N. es una gran estación, allá paran todos los trenes.
꼬모 에네 에스 우나 그란 에스따씨온 아아 빠란 또도스 로스 뜨레네스

하차해서 플랫폼을 잠시 걸어보지 않겠습니까?
Won't you alight from the train and walk a little on the platform?

¿ No quiere bajar del coche y dar un paseo por el andén ?
노 끼에레 바하르 델 꼬체 이 다르 운 빠세오 뽀르 엘 안덴

예, 그렇게 합시다.
Yes.

Sí.
씨

이것은 무슨 역입니까?
What station is this?

¿ Cómo se llama esta estación ?
꼬모 세 야마 에스따 에스따씨온

B.역입니다.
It is B. station.

La estación se llama B.
라 에스따씨온 세 야마 베

S.로 가는 여객은 여기서 바꿔타야 합니다.
The passengers who go to S. must change trains here.

Los viajeros para S. deben cambiar aquí de tren.
로스 비아헤로스 빠라 에세 데 벤 깜비아르 아끼 데 뜨렌

흡연실(吸煙室)이 있습니까?
Is there a smoking car?

¿ Hay coche-fumador ?
아이 꼬체 푸마도르

흡연실이 없으니까 여기서 담배피워도 좋습니다.

Se puede fumar aquí, ya que
세 뿌에데 푸마르 아끼 야 께

165

As there are no smoking cars, we can smoke here.

no hay coche-fumador.
노 아이 꼬 체 푸마도르

이 열차에는 식당차가 있습니까?
Has this train a dining-car?

¿ Hay coche-comedor en este
아이 꼬 체 꼬메도르 엔 에스떼
tren ?
뜨 렌

물론 있습니다.
Yes, of course.

Desde luego.
데스데 루에고

식당차에서 자유로이 담배를 피울 수 있습니다.
We can smoke there freely.

Allá podemos fumar libremente.
아 야 뽀데모스 푸마르 리브레멘떼

폐가 안된다면 한 대 피우게 해주십시오.
Madam, allow me to have a cigarette if it is no inconvenience to you.

Señora, ¿ me permite fumar, si
세뇨라 메 뻬르미떼 푸마르 씨
no le molesta ?
노 레 몰레스따

예, 피우십시오.
Just as you please.

SÍ, ¡ cómo no !
씨 꼬모 노

대단히 고맙습니다.
Many thanks.

Muchas gracias.
무차스 그라씨아스

종착역에 도착했습니다.
Now we arroved at the terminal station.

Ya hemos llegado a la
야 에모스 예가도 아 라
estación terminal.
에스따씨온 떼르미날

잊으신 물건 없도록 조심들 하십시오.
Be careful not to leave something behind.

Cuiden de no olvidar sus cosas
꾸이덴 데 노 올비다르 수스 꼬사스
en el tren.
엔 엘 뜨 렌

포터, 내 수하물을 찾아 주십시오. *Porter, please go and take my baggages.*	**Mozo, recoja usted mi equipaje.** 모 소 ㄹ레꼬하 우스뗏 미 에끼빠헤
이것은 수하물예치증입니다. *This is my baggage receipt.*	**Aquí está la contraseña.** 아 끼 에스따 라 꼰뜨라세냐

급행열차 *the express train*	**tren expreso** 뜨 렌 엑스쁘레소
보통열차 *the ordinary train*	**tren ómnibus** 뜨 렌 옴니부스
편도(片道)승차권 *a single ticket*	**billete sencillo** 비에떼 센씨요
왕복승차권 *a return ticket*	**billete de ida y vuelta** 비에떼 데 이다 이 부엘따
입장권 *a platform ticket*	**billete de andén** 비에떼 데 안덴
시간표 *the time table*	**horario** 오라리오
시발역 *the starting station*	**estación de partida** 에스따씨온 데 빠르띠다
종착역 *the terminal station*	**estación terminal** 에스따씨온 떼르미날
차장 *a conductor*	**revisor** ㄹ레비소르
짐대차 *a sleeping car*	**coche-cama** 꼬체 까마

30. 배여행

우리말 / 영어
(*Travelling by ship*)

스페인어
(Viaje por barco)

부산으로 여행을 하고 싶습니다.
I wish to leave for Pusan.

Quisiera partir para Pusán.
끼씨에라 빠르띠르 빠라 부산

극동(極東)행 배는 언제 떠납니까?
When will the ship leave for the Far East?

¿ Cuándo sale el barco para el Extremo Oriente ?
꾸안도 살레 엘 바르꼬 빠라 엘 엑스뜨레모 오리엔떼

다음달 6일 오후 5시에 떠납니다.
It will leave port on the 6th of the next month at 5 p.m.

Sale el día seis del mes que viene a las cinco de la tarde.
살레 엘 디아 세이스 델 메스 께 비에네 아 라스 씬꼬 데 라 따르데

그 다음 배는 언제 나갑니까?
When will the next ship leave?

¿ Cuándo sale el próximo barco ?
꾸안도 살레 엘 쁘록씨모 바르꼬

15일의 오전 10시에 나갑니다.
It will leave the 15th at 10 a.m.

Sale el quince a las diez de la mañana.
살레 엘 낀세 아 라스 디에스 데 라 마냐나

선표(船票)는 미리 사둬야 합니까?
Is it necessary to buy a passage-ticket in advance?

¿ Es necesario conseguir el billete con anticipación ?
에스 네세사리오 꼰세기르 엘 비예떼 꼰 안띠씨빠씨온

승선(乘船)을 희망하신다면, 선실(船室)을 예약하시지 않으면 안됩니다.
If you wish to go on board the ship, you must reserve a cabin in advance.

Si usted quiere embarcarse,
씨 우스뗏 끼에레 엠바르까르세
tiene que reservar un camarote.
띠에네 께 ㄹ레세르바르 운 까마로떼

비어 있는 1등 선실이 있습니까?
Are there any unreserved first-class cabins?

¿ Hay camarote de primera
아 이 까마로떼 데 쁘리메라
clase libre ?
끌라세 리브레

아닙니다. 1등 선실은 모두 예약이 돼버렸습니다.
No, all first-class cabins are reserved.

No, los camarotes de primera
노 로스 까마로떼스 데 쁘리메라
están todos reservados.
에스딴 또도스 ㄹ레세르바도스

2등 선실이라면 3개 비어 있습니다.
As for the second-class cabins, three are unreserved.

En cuanto a los de segunda,
엔 꾸안또 아 로스 데 세군다
tres están libres todavía.
뜨레스 에스딴 리브레스 또다비아

선실을 예약하시려면 지금 당장 신청하시지 않으면 안됩니다.
If you wish to reserve a cabin, you must make an application for it at once.

Si usted desea hacer una
씨 우스뗏 데세아 아세르 우나
reservación, debe hacerlo ahora
ㄹ레세르바씨온 데베 아세를로 아오라
mismo.
미스모

그럼, 2등 침대를 하나 예약합시다.
Then, I'll reserve a second-class cabin.

Bueno, voy a reservar un
부에노 보이 아 ㄹ레세르바르 운
camarote de segunda.
까마로떼 데 세군다

몇시에 승선해야 합니까?
What time must I go on board?

¿A qué hora tengo que subir
아 께 오라 뗀고 께 수비르
a bordo?
아 보르도

출항 1시간 전입니다.
One hour before its departure.

Una hora antes de salir.
우나 오라 안떼스 데 살리르

이 배는 싱가포르에 기항(寄港)합니까?
Does the ship call at the port of Singapore?

¿Hace escala en Singapur este
아세 에스깔라 엔 씬가뿌르 에스떼
barco?
바르꼬

예, 싱가포르는 주요 기항지의 하나입니다.
Yes, Singapore is one of the important ports of call.

Sí, Singapur es una de las
씨 씬가뿌르 에스 우나 데 라스
escalas más importantes.
에스깔라스 마스 임뽀르딴떼스

나는 기항지마다 상륙하고 싶습니다.
I wish to land at every port of call.

Quisiera desembarcar en cada
끼씨에라 데셈바르까르 엔 까다
puerto.
뿌에르또

여기서 부산까지 며칠 쯤 걸립니까?
How many days does it take from here to Pusan?

¿Cuántos días tarda de aquí a
꾸안또스 디아스 따르다 데 아끼 아
Pusán?
부산

약 5주일 걸립니다.
It takes about five weeks.

Tarda alrededor de cinco
따르다 알ㄹ레데도르 데 씬 꼬
semanas.
세마나스

친절하게 전송해 주셔서 대단히 고맙습니다.

Muchas gracias por haber
무차스 그라씨아스 뽀르 아베르

I am much obliged to you for your hearty send-off.

venido a despedirme.
베니도 아 데스뻬디르메

천만에 말씀을.
Not at all.

No hay de qué.
노 아이 데 께

선객 중에 아시는 분이 있습니까?
Have you any acquaintances among the passengers?

¿Hay alguien conocido suyo entre los pasajeros?
아이 알기엔 꼬노씨도 수요
엔뜨레 로스 빠사헤로스

아니오. 한사람도 없습니다.
No, I have not any.

No, nadie.
노 나디에

지루하시겠습니다.
I think you will be bored with ennui.

Creo que usted se aburrirá.
끄레오 께 우스뗏 세 아부ㄹ리라

그러나 여행중에 친구 2-3명이 생시겠죠.
But, I will have two or three acquaitances in the course of my voyage.

Pero, ya haré dos o tres amigos en el viaje.
뻬로 야 아레 도스 오 뜨레스
아미고스 엔 엘 비아헤

바다는 아주 잔잔하군요.
The sea is very calm, isn't it?

El mar está muy tranquilo, ¿verdad?
엘 마르 에스따 무이 뜨란낄로
베르닷

사고없이 부산에 도착하시길 바랍니다.
I wish you would arrive in Pusan safe and sound.

Espero que llegue a Pusán sano y salvo.
에스뻬로 께 예게 아 부산
사노 이 살보

171

도중에 무사히 부산에 도착
하시리라 믿고 있습니다.
*I'm sure you will arrive in
Pusan without any accident.*

Estoy seguro de que llegará a
에스또이 세구로 데 께 예가라 아
Pusán a salvo.
부 산 아 살 보

그럼, 즐거운 여행이 되시길.
Have a pleasant trip.

Espero que tenga un feliz viaje.
에스뻬로 께 뗀가 운 펠리스 비아헤

그럼, 즐거운 여행이 되시길.
Bon voyage!

¡Buen viaje!
부엔 비아헤

보이, 짐을 내 선실로 갖다
주십시오.
*Boy, please take my
baggages to my cabin.*

Camarero, lleve mi equipaje
까마레로 예베 미 에끼빠헤
a mi camarote.
아 미 까마로떼

선실의 번호는 몇번입니까?
Your number, please?

¿El número de su camarote,
엘 누메로 데 수 까마로떼
por favor?
뽀르 파보르

20호 선실입니다.
Number twenty.

Número veinte.
누메로 베인떼

내 선실까지 함께 가주시
겠습니까?
*Can you come to my cabin
with me?*

¿Puede venir conmigo a mi
뿌에데 베니르 꼰미고 아 미
camarote?
까마로떼

알았습니다.
Certainly, sir.

SI, señor.
씨 세뇨르

알았습니다.
Very good, sir.

Muy bien, señor.
무이 비엔 세뇨르

서로 알게 된 것을 기쁘게
생각합니다.
*I am very glad to make
your acquaintance.*

Mucho gusto en conocerle.
무 초 구스또 엔 꼬노세를레

나 역시 그렇습니다.
So am I.

El gusto es mío.
엘 구스또 에스 미오

당신과 같은 여행 친구가
생겨서 대단히 기쁩니다.
*I am very glad to have a
good travelling companion
like you.*

Me alegro mucho de tener un
메 알레그로 무 초 데 떼네르 운
buen compañero de viaje como
부엔 꼼빠네로 데 비아헤 꼬 모
usted.
우스뗏

바람이 불기 시작했습니다.
배가 조금 옆으로 흔들리는군요.
*The wind has begun to
blow. The ship is rolling a
little, isn't it?*

Hace viento. Se balancea un
아세 비엔또 세 발란세아 운
poco el barco.
뽀꼬 엘 바르꼬

당신은 배타기에 강하신가요?
Are you a good sailor?

¿Es usted buen marinero?
에스 우스뗏 부엔   마리네로

아닙니다, 그렇지 못합니다.
No, I am not.

No, señor, no lo soy.
노 세뇨르   노 로 소이

나는 배타기에 약합니다.
I am a bad sailor.

Soy enemigo del mar.
소이 에네미고 델 마르

나는 배멀미를 하는 것
같습니다.
I think I have got seasick.

Me siento mareado.
메 씨엔또 마레아도

나는 기분이 언짢아졌습니다.
I feel bad.

No me siento bien.
노 메 씨엔또 비엔

173

침대에 누워계시는 것이
좋겠습니다.
You'd better lie on the bed.

Será mejor que se acueste en la cama.
세 라 메 호 르   께   세 아꾸에스떼   엔
라   까 마

이 배는 언제 항구에
들어갑니까?
When will this ship enter the port?

¿Cuándo entra el barco en el puerto?
꾸안도   엔뜨라 엘 바르꼬   엔 엘
뿌에르또

내일 아침 5시께로
되겠습니다.
Tomorrow morning, toward five o'clock.

Mañana por la mañana a eso de las cinco.
마 냐 나 뽀르 라   마 냐 나 아 에소
데   라스 씬 꼬

배는 부두에 대게 되는
겁니까?
Will the ship lie alongside the pier?

¿Atraca al muelle?
아뜨라까   알 무에예

아닙니다, 간조(干潮) 때문에
부두에 대지 못하게 됩니다.
No, it cannot lie alongside the pier because of the ebb tide.

No, no se puede atracar al muelle a causa de la bajamar.
노   노 세   뿌에데 아뜨라까르 알
무에예 아   까우사 데   라 바하마르

배는 앞바다에 정박합니다.
The ship will cast anchor in the offing.

El barco echará anclas a lo largo de la costa.
엘   바르꼬   에차라   안끌라스 아 로
라르고   데 라 꼬스따

아, 무사히 도착했습니다.
Now, we arrived to the port safe and sound.

Ya llegamos al puerto sanos y salvos.
야   예가모스   알 뿌에르또   사노스 이
살 보 스

배는 안벽(岸壁)에 대어져 있습니다.
The ship is moored alongside the quay.

El barco está atracado al muelle.
엘 바르꼬 에스따 아뜨라까도 알 무에예

31. 항공여행

우리말 / 영어
(Travel by plane)

스페인어
(Viaje por avión)

스페인으로 떠나신다고
들었습니다만 언제 떠나시게
됩니까?
I heard that you will go to Spain. When will you start?

Dicen que usted va a España.
디 쎈 께 우스뗏 바 아 에스빠냐
¿ Cuándo partirá ?
꾸안도 빠르띠라

다음주 금요일에 떠납니다.
I will start on next Friday.

Partiré el próximo viernes.
빠르띠레 엘 쁘록씨모 비에르네스

배로 가시는 건가요,
비행기로 가시는 건가요?
Will you go by ship or by plane?

¿ Va usted por mar o por avión ?
바 우스뗏 뽀르 마르 오 뽀르 아비온

비행기로 갑니다.
I will go by airplane.

Iré por avión.
이레 뽀르 아비온

비행기 여행은 이것이
처음입니까?
Is it your first trip by plane?

¿ Es la primera vez que viaja
에스 라 쁘리메라 베스 께 비아하
por avión ?
뽀르 아비온

아닙니다, 나는 지금까지 가끔
비행기로 여행했습니다.
No, I have often made a trip by plane.

No, he viajado muchas veces
노 에 비아하도 무차스 베세스
por avión.
뽀르 아비온

여객기는 며칠날 김포공항을
떠납니까?

¿ Cuándo sale el avión del
꾸안도 살레 엘 아비온 델

When will the plane start from the Kimpo airport?

aeropuerto Kimpo ?
아에로뿌에르또   김 포

이달 20일, 오전 11시에 떠납니다.
It will start on the twentieth of this month, at 11 a.m.

Sale el día veinte de este mes,
살 레 엘 디아 베인떼 데 에스떼 메스
a las once de la mañana.
아 라스 온세 데 라 마 냐 나

무슨 목적으로 가시는 겁니까?
What do you go there for?

¿ Cuál es el objetivo de su
꾸 알 에스 엘 옵헤띠보 데   수
viaje ?
비 아 헤

스페인의 산업 실태를 시찰하기 위해서입니다.
For the purpose of inspecting the industrial condition in Spain.

Para hacer una inspección de
빠라 아세르 우나 인스 뻭 씨 온 데
la condición industrial de España.
라 꼰 디 씨 온 인두스뜨리알 데 에스빠냐

달리 어떤 곳을 방문하실 계획입니까?
What other places do you wish to visit?

¿ Qué otros sitios piensa usted
께 오뜨로스 씨띠오스 삐엔사   우스뗏
visitar ?
비씨따르

유럽의 많은 산업도시를 볼 생각입니다.
I intend to see many industrial towns in Europe.

Pienso visitar varias ciudades
삐엔소 비씨따르 바리아스 씨우다데스
industriales en Europa.
인두스뜨리알레스 엔   에우로빠

배 여행과 항공여행의 어느 편이 더 기분이 좋다고 생각하십니까?
Which do you think more comfortable, travelling by sea or by air?

¿ Cuál encuentra usted más
꾸 알 엔꾸엔뜨라 우스뗏 마스
cómodo, el viaje por mar o por
꼬 모 도 엘 비아헤 뽀르 마르 오 뽀르
avión ?
아 비 온

항공여행편이 나에게는
더 기분이 좋습니다.
Travelling by air is much comfortable for me.

El viaje por avión es más
엘 비아헤 보르 아비온 에스 마스
cómodo para mí.
꼬 모 도 빠 라 미

당신은 비행기 멀미를
하나요?
Do you feel airsick?

¿ Se siente usted mareado en
세 씨엔떼 우스뗏 마레아도 엔
el avión ?
엘 아 비 온

예, 조금.
Yes, a little.

Sí, un poco.
씨 운 뽀꼬

비행중에는 어디서 식사를
하는 겁니까?
Where do you take your meals during a flight?

¿ Dónde se come durante el
돈 데 세 꼬 메 두 란 떼 엘
vuelo ?
부 엘 로

좌석에서 식사를 합니다.
We take our meals in our seats.

Comemos en nuestros asientos.
꼬 메 모 스 엔 누에스뜨로스 아씨엔또스

여객기에는 식당이 없으므로,
식사는 스튜어디스가 갖다
줍니다.
As there is no dining-room in the plane, meals are served by the stewardess.

Como no hay comedor en el
꼬 모 노 아 이 꼬메도르 엔 엘
avión, la azafata nos sirve la
아 비 온 라 아사파따 노스 씨르베 라
comida.
꼬 미 다

여객기는 마드리드에 직행
합니까?
Does the plane go straight to Madrid?

¿ Va directamente a Madrid el
바 디렉따멘떼 아 마드릿 엘
avión ?
아 비 온

아닙니다, 마드리드에 직행
하지 않습니다. 그것은
북극을 경유하여 코펜하겐
으로 갑니다.
*No, it doesn't go through
to Madrid. It goes to
Copenhagen via the North Pole.*

No, no va directamente a
노 노 바 디렉따멘떼 아
Madrid. Va a Copenhagen por
마드릿 바 아 꼬뻰하겐 뽀르
el Polo Norte.
엘 뽈로 노르떼

마드리드나 리스본으로 가는
여객은 거기서 다른 여객기에
바꿔타야 합니다.
*The passengers for Madrid
and for Lisbon must take
another plane there.*

Los pasajeros para Madrid y
로스 빠사헤로스 빠라 마드릿 이
Lisboa deben cambiar allí a
리스보아 데벤 깜비아르 아이 아
otro avión.
오뜨로 아비온

당신은 벌써 좌석을 확보해
두셨습니까?
*Have you already reserved
your seat?*

¿ Ha reservado el asiento ya ?
아 ㄹ레세르바도 엘 아씨엔또 야

예, 1주일 전에 좌석을
예약했습니다.
*Yes, I reserved it
a week before.*

Sí, lo he reservado hace una
씨 로 에 ㄹ레세르바도 아세 우나
semana.
세마나

런던에 비행기로 가고
싶습니다.
*I would like to go to
London by plane.*

Quisiera ir también a Londres
끼씨에라 이르 땀비엔 아 론드레스
en avión.
엔 아비온

어느 항공사로 가시겠
습니까?
*What airline do you wish
to take?*

¿ Qué linea va usted a tomar ?
께 리네아 바 우스뗏 아 또마르

SAS로 하겠습니다.
I would like to take the SAS.

Quiero tomar la línea SAS.
끼에로 또마르 라 리네아 사스

알래스카를 경유하여 가고
싶습니다.
I would like to go via Alaska.

Quiero ir por Alaska.
끼에로 이르 뽀르 알라스까

가지고 가도 좋은 하물의
최대중량은 얼마쯤입니까?
What is the maximum weight of baggages we can take with us?

¿Cuál es el peso máximo de
꾸알 에스 엘 뻬소 막씨모 데
equipajes que puede llevar cada
에끼빠헤스 께 뿌에데 에바르 까다
uno?
우노

1인당 30킬로그람까지입니다.
Not more than thirty kilogrammes per head.

No más de treinta kilos por
노 마스 데 뜨레인따 낄로스 뽀르
persona.
뻬르소나

런던행 여객기는 몇시에
떠납니까?
What time does the plane leave for London?

¿A qué hora sale el avión
아 께 오라 살레 엘 아비온
hacia Londres?
아씨아 론드레스

런던발 여객기는 몇시에
이곳에 도착합니까?
What time does the plane come here from London?

¿A qué hora llega el avión de
아 께 오라 에가 엘 아비온 데
Londres?
론드레스

여기서 런던까지의 비행시간은
얼마쯤 됩니까?
How many hours does it take from here to London?

¿Cuánto se tarda de aquí a
꾸안또 세 따르다 데 아끼 아
Londres?
론드레스

약 3시간 걸립니다.
It takes about three hours.

Se tarda unas tres horas.
세 따르다 우나스 뜨레스 오라스

현재의 고도는 얼마쯤 됩니까?
What is the present altitude of our plane?

¿ A qué altura estamos ahora ?
아 께 알뚜라 에스따모스 아오라

지금 고도는 3천 미터 쯤이라고 생각합니다.
I think we are in the height of three thousand meters.

Creo que estamos a unos tres mil metros.
끄레오 께 에스따모스 아 우노스 뜨레스 밀 메뜨로스

속력은 얼마쯤 됩니까?
What is the present speed?

¿ A qué velocidad estamos volando ?
아 께 벨로씨닷 에스따모스 볼란도

확실한 것은 모르겠습니다만, 시속 5백킬로쯤으로 비행하고 있다고 생각합니다.
I cannot say for certain, but I think our plane is flying at a speed of five hundred kilometers an hour.

No estoy seguro, pero creo que estamos volando a cien kilómetros por hora.
노 에스또이 세구로 뻬로 끄레오 께 에스따모스 볼란도 아 씨엔 낄로메뜨로스 뽀르 오라

여객기는 지금 선회(旋回)하고 있군요.
The plane is making a circular flight, isn't it?

El avión está haciendo círculos.
엘 아비온 에스따 아씨엔도 씨르꿀로스

아, 좋은 경치로구나!
What a fine view it is!

¡ Qué vista tan bonita !
께 비스따 딴 보니따

여객기는 착륙했습니다.
The plane has reached

El avión ha aterrizado.
엘 아비온 아 아떼ㄹ리사도

the ground.
항공여행은 어떻습니까?
How about your travel by plane?

¿Qué le pareció el viaje
께 레 빠레씨오 엘 비아헤
aéreo ?
아에레오

대단히 유쾌했습니다.
I found it very agreeable.

Lo encontré muy agradable.
로 엔꼰뜨레 무이 아그라다블레

항공기는 근년에 커다란 진보를 이루었으므로, 많은 사람이 국내 국외의 여행에 여객기를 이용합니다.
As the flying machines have made great progress lately, many people make use of passenger planes to make a trip in the interior of the country or to go abroad.

Como los aviones han hecho
고 모 로스 아비오네스 안 에초
grandes progresos últimamente,
그란데스 쁘로그레소스 울띠마멘떼
mucha gente los aprovecha
무차 헨떼 로스 아쁘로베차
para hacer viajes tanto en el
빠라 아세르 비아헤스 딴또 엔 엘
interior como al extranjero.
인떼리오르 꼬모 알 엑스뜨란헤로

32. 세관에서

우리말 / 영어
(At the custom house)

스페인어
(En la aduana)

여권을 보여 주십시오.
Will you show me your passport?

Déjeme examinar su pasaporte.
데헤메 엑사미나르 수 빠사뽀르떼

여권을 보여 주십시오.
Let me see your passport, please.

Haga el favor de enseñarme su pasaporte.
아가 엘 파보르 데 엔세냐르메 수 빠사뽀르떼

여권을 보여 주십시오.
Your passport, please.

Su pasaporte, por favor.
수 빠사뽀르떼 뽀르 파보르

예, 이겁니다.
Here it is.

Aquí lo tiene.
아끼 로 띠에네

이것이 내 여권입니다.
Here is my passport.

Aquí tiene mi pasaporte.
아끼 띠에네 미 빠사뽀르떼

좋습니다. 계원이 사증(查證)을 할테니 기다리십시오.
That's good. Please wait for the official in charge of visas.

Muy bien. Tenga la bondad de esperar el visado del comisario.
무이 비엔 뗀가 라 본닷 데 에스뻬라르 엘 비사도 델 꼬미사리오

뭔가 신고하실 물건이 있습니까?
Have you anything to declare?

¿Tiene algo que declarar?
띠에네 알고 께 데끌라라르

없습니다.
No, sir.

No, señor.
노 세뇨르

아무것도 없습니다.
Nothing.

Nada.
나 다

나의 물품 뿐입니다.
I have only the articles for personal use.

No tengo más que cosas de
노 뗀 고 마 스 께 꼬사스 데
uso personal.
우 소 뻬르소날

짐을 조사하게 해주십시오.
Let me examine your baggages.

Permítame examinar su
뻬르미따메 엑사미나르 수
equipaje.
에 끼 빠 헤

내 짐을 조사해 주십시오.
I wish you have my baggages examined.

Quiero que me inspeccione el
끼에로 께 메 인스뻭씨오네 엘
equipaje.
에 끼 빠 헤

트렁크를 열어 주십시오.
Please open these trunks.

Abra estos baúles.
아브라 에스또스 바울레스

금제품(禁制品)을 가지시진 않았습니까?
Haven't you any prohibited goods?

¿ Tiene objetos prohibidos ?
띠에네 옵헤또스 쁘로이비도스

아닙니다, 그와 같은 것은 아무것도 안가졌습니다.
No, I have not any.

No tengo nada de eso.
노 뗀 고 나다 데 에 소

이 트렁크에는 무엇이 들어 있습니까?
What do you have in this trunk?

¿ Qué tiene usted en este
께 띠에네 우스뗏 엔 에스떼
baúl ?
바 울

이 트렁크에는 내의 옷 종류
밖에 들어 있지 않습니다.
There are only the clothes for personal use.

No hay más que trajes de uso
노 아이 마스 께 뜨라헤스 데 우소
personal.
빼르소날

이 트렁크에는 무엇이 들어
있습니까?
What are there in that trunk.

¿ Qué hay en aquel baúl ?
께 아이 엔 아 껠 바 울

소형사진기가 3개, 시거
담배가 3상자, 금팔목시계가
2개, 책들, 속샤쓰 따위입니다.
There are three cameras, three boxes of cigars, two gold wrist watches, books and underwears.

Hay tres cámaras, tres cajas
아이 뜨레스 까마라스 뜨레스 까하스
de puros, dos relojes de pulsera
데 뿌로스 도스 ㄹ렐로헤스 데 뿔세라
dorados, libros y ropa interior.
도라도스 리브로스 이 ㄹ로빠 인떼리오르

당신은 피우기 시작한 시가
담배를 가지고 계십니다,
그것은 좋습니다.
You have a box of cigars whose contents are partially consumed, that's good.

Usted lleva una cajita de puros
우스뗏 예바 우나 까히따 데 뿌로스
ya abierta; está bien.
아 아비에르따 에스따 비엔

그러나 다른 2상자는 과세
(課稅)됩니다.
As for two other boxes, they will be taxed.

Pero, estas dos cajitas están
뻬로 에스따스 도스 까히따스 에스딴
sujetas a impuestos.
수헤따스 아 임뿌에스또스

또 당신은 카메라 1개와
팔목시계 1개에 대해
과세를 지불하지 않으면
안됩니다.
Besides, you must pay a customs duty for one camera and one wrist watch.

Además, tiene que pagar
아데마스 띠에네 께 빠가르
derechos por una cámara y un
데레초스 뽀르 우나 까마라 이 운
reloj de pulsera.
ㄹ렐로흐 데 뿔세라

전부 얼마 지불하면
됩니까?
How much do I owe you?

¿ Cuánto debo en total ?
꾸안또 데보 엔 또딸

전부 2,900뻬세따입니다.
*Two thousand nine
hundred pesetas in all.*

Dos mil novecientas pesetas
도스 밀 노베씨엔따스 뻬세따스
por todo.
뽀르 또 도

그건 너무 많습니다.
It is absurd.

Es demasiado caro.
에스 데마씨아도 까로

결코 그렇지 않습니다.
Never.

De ninguna manera.
데 닌구나 마네라

세금을 지불하고 싶지
않으시다면, 물건을 일시
예치소에 맡겨놓지 않으면
안됩니다.
*If you do not wish to pay
your duty, you must leave
them in our charge.*

Si usted no quiere pagar
씨 우스뗏 노 끼에레 빠가르
derechos, debe dejarlos en la
데레초스 데베 데하를로스 엔 라
consigna.
꼰 씨 나

그러면, 스페인 체재중
물건을 맡기겠습니다.
*Then, I will leave these
articles in your charge
during my stay in Spain.*

Entonces, voy a dejarlos
엔 똔세스 보이 아 데하를로스
durante mi estadía en España.
두란떼 미 에스따디아 엔 에스빠냐

이것이 예치증입니다.
Here's your receipt.

Aquí tiene Ud. su talón.
아끼 띠에네 우스뗏 수 딸론

주소와 성함을 여기에
기입해 주십시오.
*Please enter your name
and your address here.*

Haga el favor de llenar aquí su
아가 엘 파보르 데 예나르 아끼 수
nombre y dirección.
놈브레 이 디렉씨온

트렁크를 닫아도 좋습니까?
May I close my trunks?

¿ Puedo cerrar mis baúles ?

뿌에도 세ㄹ라르 미스 바울레스

예, 좋습니다.
Yes, you may.

Sí, señor.

씨 세뇨르

트렁크에 검사필의 표를
해 주십시오.
Please put a mark on my trunks.

Ponga en mis baúles la seña
de revisión, por favor.

뽄 가 엔 미스 바울레스 라 세냐
데 ㄹ레비씨온 뽀르 파보르

자, 통과하셔도 좋습니다.
Now, you can go away.

Puede pasar ya.

뿌에데 빠사르 야

33. 네 계절

우리말 / 영어
(The four seasons)

스페인어
(Las cuatro estaciones)

당신은 네 계절의 이름을
말 할수 있습니까?
*Can you tell me the
names of the four seasons
of the year?*

¿ **Me puede Ud. decir los**
　　메　뿌에데 우스뗏 데씨르 로스
nombres de las cuatro
　놈브레스　데　라스 꾸아뜨로
estaciones del año ?
에스따씨오네스　델 아 뇨

예, 할수 있습니다. 그것은
봄, 여름, 가을, 겨울입니다.
*Yes, I can. They are
spring, summer, autumn
and winter.*

Sí. Primavera, verano, otoño,
　씨　쁘리마베라　　베라노　오또뇨
invierno.
인비에르노

지금은 무슨 계절입니까?
What season is it now?

¿ **En qué estación estamos**
　엔　께　에스따씨온 에스따모스
ahora ?
아 오 라

지금은 봄입니다.
It is spring now.

Estamos en primavera.
에스따모스　엔　쁘리마베라

봄이 왔습니다.
Spring has come.

Ya viene la primavera.
야　비에네 라　쁘리마베라

따뜻합니다.
It is warm.

Hace templado.
아세　뗌쁠라도

1년중에서 가장 좋은 계절은
언제입니까?

¿ **Cuál es la mejor estación del**
　꾸알 에스 라　메호르 에스따씨온　델

What is the best season of the year?

año ?
아뇨

봄입니다.
Spring is.

La primavera.
라 쁘리마베라

1년중에서 가장 좋은 계절은 언제입니까?
What are the best seasons of the year?

¿ Cuales son las mejores
꾸알레스 손 라스 메호레스
estaciones del año ?
에스따씨오네스 델 아뇨

봄과 가을입니다.
They are spring and autumn.

La primavera y el otoño.
라 쁘리마베라 이 엘 오또뇨

당신은 네 계절 중에서 언제가 가장 좋습니까?
Which of the four seasons do you like best?

¿ Cuál es la estación del año
꾸알 에스 라 에스따씨온 델 아뇨
que más le gusta ?
께 마스 레 구스따

물론 봄입니다.
I like spring best, that goes without saying.

La primavera, sin duda.
라 쁘리마베라 씬 두다

왜 당신은 봄이 좋습니까?
Why do you like spring best?

¿ Por qué le gusta más la
뽀르 께 레 구스따 마스 라
primavera ?
쁘리마베라

이 계절은 기후가 아주 좋기 때문입니다.
Because the climate is very good in this season.

Porque el clima es muy
뽀르께 엘 끌리마 에스 무이
agradable en esta temporada.
아그라다블레 엔 에스따 뗌뽀라다

이계절에는 만물이 오랜 잠에서 깨어나 생동합니다.

En esta época, toda la
엔 에스따 에뽀까 또다 라

189

In this season, everything awakens from its long sleep and looks very lively.

naturaleza se despierta de su
나뚜랄레사 세 데스뻬에르따 데 수
largo sueño y rejuvenece.
라르고 수에뇨 이 ㄹ레후베네세

꽃이 피고 새가 노래합니다.
Flowers come in bloom and birds sing.

Las flores se abren, los pájaros
라스 플로레스 세 아브렌 로스 빠하로스
cantan.
깐 딴

당신도 봄이 좋습니까?
Do you like spring, too?

¿ A usted también le gusta la
아 우스뗏 땀 비 엔 레 구스따 라
primavera ?
쁘리마베라

예, 좋습니다. 그러나 나는
여름도 좋습니다.
Yes, I like it, but I like summer, too.

SI, me encanta, pero el verano
씨 메 엔깐따 뻬로 엘 베라노
también.
땀 비 엔

왜 여름이 좋은겁니까?
Why do you like summer?

¿ Por qué le gusta el verano ?
뽀르 께 레 구스따 엘 베라노

그것은 등산과 수영의
계절이기 때문입니다.
Because it is the best season for mountain climbing and swimming.

Porque es la mejor estación
뽀르께 에스 라 메호르 에스따씨온
para el alpinismo y la natación.
빠라 엘 알삐니스모 이 라 나따씨온

여름에는 여름의 매력이
있습니다.
Summer has a charm of its own.

El verano tiene su propio
엘 베라노 띠에네 수 쁘로삐오
encanto.
엔 깐 또

그렇습니다.
So it is.

Tiene usted razón.
띠 에 네 우스뗏 ㄹ라손

한국의 우계(雨季)는
언제 시작됩니까?
When does the raining season set in Korea?

¿ Cuándo comienza la estación de las lluvias en Corea ?
꾸안도 꼬미엔사 라 에스따씨온 데 라스 유비아스 엔 꼬레아

6월 11일께입니다.
It sets in toward the eleventh of June.

Comienza hacia el once de junio.
꼬미엔사 아씨아 엘 온세 데 후뇨

젊은 사람들은 여름을
아주 좋아합니다.
Young people like summer very much.

A los jóvenes les gusta mucho el verano.
아 로스 호베네스 레스 구스따 무초 엘 베라노

그런데, 당신은 여름에
어딘가로 떠나시게 됩니까?
By the way, do you go anywhere in summer?

A propósito, ¿ va usted a alguna parte en verano ?
아 쁘로뽀씨또 바 우스뗏 아 알구나 빠르떼 엔 베라노

나는 대개 해안으로 가려고
하고 있습니다.
I usually go to the seashore.

Generalmente voy a la playa.
헤네랄멘떼 보이 아 라 쁠라야

당신은 해수욕을 하십니까?
Do you bathe in the sea?

¿ Se baña usted en la playa ?
세 바냐 우스뗏 엔 라 쁠라야

예, 때때로.
Yes, sometimes.

Sí, a veces.
씨 아 베세스

가을이 왔습니다.
Autumn has come.

Estamos en otoño.
에스따모스 엔 오또뇨

기후가 눈에 띄게 선선해
졌습니다.
It has become considerably cool.

Ha refrescado bastante
아 ㄹ레프레스까도 바스딴떼

가을에는 낮이 짧고 밤이
길어집니다.
In autumn, the days get shorter and the nights longer.

En otoño, los días se acortan y
엔 오또뇨 로스 디아스 세 아꼬르딴 이
las noches se alargan.
라스 노체스 세 알라르간

가을이 좋은 것은 어디에
있을까요?
What are the nice points of autumn?

¿Cuáles son los encantos del
꾸알레스 손 로스 엔깐또스 델
otoño ?
오또뇨

이 계절은 그리 덥지도
않고 춥지도 않습니다.
In this season, it is neither too hot nor too cold.

En esta época no hace calor
엔 에스따 에뽀까 노 아세 깔로르
ni frío.
니 프리오

가을은 공부를 하는데는
가장 좋은 계절입니다.
Autumn is the best season to study.

El otoño es la mejor estación
엘 오또뇨 에스 라 메호르 에스따씨온
para el estudio.
빠라 엘 에스뚜디오

가을에는 공기가 대단히
맑아져서 하늘이 대단히
높게 보입니다.
In autumn, the air becomes very clear and the sky looks very high.

En otoño el aire se hace muy
엔 오또뇨 엘 아이레 세 아세 무이
claro y el cielo parece muy alto.
끌라로 이 엘 씨엘로 빠레세 무이 알또

가을에는 나뭇잎이 불과
같이 붉어지기도 하고 금과
같이 누래지기도 합니다.
In autumn, the leaves

En otoño el follaje de los
엔 오또뇨 엘 포아헤 데 로스
árboles cambia su color a rojo
아르볼레스 깜비아 수 꼴로르 아 ㄹ로호

turn red like the fire or yellow like the gold.

como el fuego o amarillo como
꼬모 엘 푸에고 오 아마리요 꼬모
el oro.
엘 오로

가을은 단풍의 계절입니다.
Autumn is the season of maples.

El otoño es la época de los
엘 오또뇨 에스 라 에뽀까 데 로스
arces.
아르세스

단풍의 명소는 어딥니까?
Which places are famous for the maples trees?

¿Cuáles son los sitios
꾸알레스 손 로스 씨띠오스
renombrados por los arces?
ㄹ레놈브라도스 뽀르 로스 아르세스

설악산, 소요산, 지리산 등은 단풍의 미관으로 알려져 있습니다.
Soraksan, Soyosan and Chirisan are famous for the beauty of their maples.

Soraksan, Soyosan y Chirisan
소락산 소요산 이 지리산
son bien conocidos por sus
손 비엔 꼬노씨도스 뽀르 수스
bellos arces.
베요스 아르세스

겨울이 가까왔습니다.
Winter is near.

Se aproxima el invierno.
세 아쁘록씨마 엘 인비에르노

겨울이 왔습니다.
Winter has come.

Estamos en invierno.
에스따모스 엔 인비에르노

추위가 살갗을 찌르는 것 같습니다.
It is biting cold.

El frío es penetrante.
엘 프리오 에스 뻬네뜨란떼

대지는 눈으로 덮였습니다.
The ground is covered with snow.

La tierra está cubierta de nieve.
라 띠에ㄹ라 에스따 꾸비에르따 데 니에베

스키를 할 수 있습니다. Podemos esquiar.
We can ski. 뽀데모스 에스끼아르

호수나 연못이 얼어 Los lagos y los estanques se
붙었습니다. 로스 라고스 이 로스 에스딴께스 세
Lakes and ponds are han cubierto de hielo.
frozen. 안 꾸비에르또 데 이엘로

스케이트를 할수 있습니다. Podemos patinar.
We can skate. 뽀데모스 빠띠나르

그런데 당신은 스케이트를 A propósito, ¿ sabe usted
탈줄 압니까? 아 쁘로뽀씨또 사베 우스뗏
By the way, can you patinar ?
skate? 빠띠나르

아닙니다, 스케이트를 탈 No, no sé patinar, pero sé
줄 모릅니다만, 스키는 노 노 세 빠띠나르 뻬로 세
할줄 압니다. esquiar.
No, I cannot, but I can ski. 에스끼아르

34. 음악회에서

우리말 / 영어
(At a concert)

스페인어
(En un concierto)

오늘 저녁 시간이 있습니까?
Are you free this evening?

¿Está usted libre esta tarde?
에스따 우스뗏 리브레 에스따 따르데

예, 있다고 생각합니다.
I think I am free.

Creo que sí.
끄레오 께 씨

나와 함께 음악회에 가지 않으시겠습니까?
Will you come to the concert with me?

¿Quiere venir al concierto
끼에레 베니르 알 꼰씨에르또
conmigo?
꼰 미 고

기꺼이 가겠습니다.
With great pleasure.

Con mucho gusto.
꼰 무초 구스또

그것은 어디서 열립니까?
Where will it be held?

¿Dónde dan el concierto?
돈 데 단 엘 꼰씨에르또

O. 극장에서 열립니다.
It will be held at the O. Theatre.

En el teatro O.
엔 엘 떼아뜨로 오

프로그램은 가지셨습니까?
Have you the program with, sir?

¿Tiene usted el programa?
띠에네 우스뗏 엘 쁘로그라마

예, 가지고 있습니다.
Yes, sir.

Sí, señor.
씨 세뇨르

보여 주십시오.
Please show me it.

Déjeme ver.
데 헤 메 베르

프로그램을 보여 주십시오.
Let me see the program, please.

¿ Me hace el favor de
메 아세 엘 파보르 데
enseñarme el programa ?
엔세나르메 엘 쁘로그라마

예, 여기 있습니다.
Here it is.

Aquí lo tiene.
아끼 로 띠에네

프로그램은 있습니다만,
잊어버리고 왔습니다.
I have the program, but I have left it behind.

Tengo el programa, pero lo he
뗀고 엘 쁘로그라마 뻬로 로 에
dejado olvidado en casa.
데하도 올비다도 엔 까사

입장권을 벌써 사노셨습니까?
Did you get your ticket?

¿ Ha sacado ya su billete ?
아 사까도 야 수 비에떼

1주일 전에 2장 샀습니다.
I got two tickets a week ago.

He sacado dos billetes hace
에 사까도 도스 비에떼스 아세
una semana.
우나 세마나

내 입장권은 오늘 살 수
있습니까?
Can I get my ticket today?

¿ Puedo conseguir mi billete
뿌에도 꼰세기르 미 비에떼
hoy ?
오이

당신은 입장권을 사실
필요가 없습니다.
You don't need to get your ticket.

No es necesario sacar su
노 에스 네세사리오 사까르 수
billete.
비에떼

한 장 드리겠습니다.
I will give you one.

Le daré uno.
레 다레 우노

황송합니다.
I am much obliged to you for your kindness.

Muchas gracias. Es usted muy amable.
무차스 그라씨아스 에스 우스뗏 무이 아마블레

천만에 말씀.
It's nothing.

No hay de qué.
노 아이 데 께

지금은 좌석이 모두 매진 됐다는 겁니다.
It is said that every seat is booked at present.

Dicen que todas las localidades están vendidas.
디쎈 께 또다스 라스 로깔리다데스 에스딴 벤디다스

아, 그렇습니까?
Is that so?

¿ Verdad ?
베르닷

음악회는 몇시에 시작 됩니까?
What time does the concert begin?

¿ A qué hora empieza el concierto ?
아 께 오라 엠삐에사 엘 꼰씨에르또

오후 6시에 시작됩니다.
It begins at six p.m.

A las seis de la tarde.
아 라스 세이스 데 라 따르데

몇시에 끝납니까?
What time does it close?

¿ A qué hora termina ?
아 께 오라 떼르미나

10시에 끝납니다.
It closes at ten.

A las diez.
아 라스 디에스

야회복을 입고 가지 않으면 안됩니까?
Is it necessary for me to be in evening dress?

¿ Tengo que ir de etiqueta ?
뗀고 께 이르 데 에띠께따

아닙니다, 그럴 필요는
없습니다.
No, it isn't.

No es necesario.
노 에스 네세사리오

인기가수 B.양이 쇼팡것
한 곡과 슈베르트것 2곡을
노래합니다.
Miss B., who is a popular singer, will sing a piece of Chopin and two of Schubert.

La señorita B., cantante
라 세뇨리따 베 깐딴떼
popular, cantará una pieza de
뽀뿔라르 깐따라 우나 삐에사 데
Chopin y dos de Schubert.
쇼펜 이 도스 데 슈베르트

이 유명한 여가수 외에
오늘 저녁에는 수명의 남녀
인기 가수가 노래합니다.
Besides this famous female singer, some popular singers will sing this evening.

Además de esta famosa
아데마스 데 에스따 파모사
cantante, actuarán otros varios
깐딴떼 악뚜아란 오뜨로스 바리오스
esta noche.
에스따 노체

그건 들을만 하겠군요.
That will be worth hearing.

Valdrá la pena oírlo.
발드라 라 뻬나 오이를로

5시까지 저의 집으로 와
주시지 않겠습니까?
Will you come to my house before five?

¿ No quiere pasar por mi casa
노 끼에레 빠사르 뽀르 미 까사
antes de las cinco ?
안떼스 데 라스 씬꼬

어김없이 가겠습니다.
I will come without fail.

Iré sin falta.
이레 씬 팔따

덕택으로 대단히 즐겁게
하루저녁을 지낼 수
있었습니다.
Thanks to your kindnes, I passed one evening very delightfully.

Gracias a usted, he pasado una
그라씨아스 아 우스뗏 에 빠사도 우나
noche muy agradable.
노체 무이 아그라다블레

35. 댄스

우리말 / 영어
(Dancing)

스페인어
(El baile)

댄스를 즐기십니까?
Do you like dancing?

¿ Le gusta bailar ?
레 구스따 바일라르

예, 즐겨합니다.
Yes, I do.

Sí, me encanta.
씨 메 엔깐따

나는 댄스를 대단히
좋아합니다.
I'm very keen on dancing.

Soy aficionado al baile.
소이 아피씨오나도 알 바일레

얼마동안이나 댄스를 배우
셨습니까?
How long did you learn dancing?

¿ Cuánto tiempo ha estado
꾸안또 띠엠뽀 아 에스따도
aprendiendo a bailar ?
아 쁘렌디엔도 아 바일라르

겨우 6개월 정도입니다.
At the most, six months.

Seis meses a lo más.
세이스 메세스 아 로 마스

누구한테서 댄스를
배우셨습니까?
Who taught you how to dance?

¿ Con quién aprendió usted a
꼰 끼엔 아쁘렌디오 우스뗏 아
bailar ?
바일라르

가르쳐 주신 것은 숙부입니다.
It is my uncle who taught it to me.

Mi tío me enseñó a bailar.
미 띠오 메 엔세뇨 아 바일라르

내일 저녁 S.부인이 자택에서
댄스파티를 가집니다.

Mañana por la noche, la señora
마냐나 뽀르 라 노체 라 세뇨라

199

Tomorrow evening, Mrs. S. is going to have a dancing party at her house.

de S. dará una velada de baile
데 에세 다라 우나 벨라다 데 바일레
en su casa.
엔 수 까사

나와 함께 가시지 않겠습니까?
Will you go there with me?

¿Quiere Ud. ir conmigo?
끼에레 우스뗏 이르 꼰미고

당신은 초대받으셨습니까?
Are you invited to that party?

¿Está Ud. invitado a ese
에스따 우스뗏 인비따도 아 에세
baile?
바일레

예.
Yes, sir.

Sí, señor.
씨 세뇨르

나는 초대되어 있지 않습니다.
I am not invited.

Yo no estoy invitado.
요 노 에스또이 인비따도

염려 마십시오. S. 부인은
나에게 친구를 한 사람
데리고 오도록 말했습니다.
Never mind. Mrs. S. asked me to bring one friend with me.

No se preocupe usted. La Sra.
노 세 쁘레오꾸뻬 우스뗏 라 세뇨라
de S. me ha dicho que llevara
데 에세 메 아 디초 께 예바라
a uno de mis amigos.
아 우노 데 미스 아미고스

그런 것이라면 기꺼이 함께 가겠습니다.
In that case, I will go willingly with you.

Si es así, voy a acompañarle
씨 에스 아씨 보이 아 아꼼빠냐를레
con mucho gusto.
꼰 무초 구스또

아가씨, 나와 함께 춤추어 주시지 않겠습니까?
Excuse me, Mademoiselle, but may I have the pleasure

Señorita, ¿le gustaría bailar
세뇨리따 레 구스따리아 바일라르
conmigo?
꼰미고

of dancing with you?

기꺼이.
With pleasure.

Con mucho gusto, señor.
꼰 무초 구스또 세뇨르

고맙습니다만, 선약이
있습니다.
Thank you, sir, but I am engaged.

Se lo agradezco, pero tengo otro compromiso.
세 로 아그라데스꼬 뻬로 뗀고
오뜨로 꼼쁘로미소

약속이 없으시다면 다음
댄스에 저와 춤추어
주시겠습니까?
Will you be so kind as to dance the next if you are not engaged?

¿Quiere usted que bailemos la próxima pieza si no tiene compromiso?
끼에레 우스뗏 께 바일레모스 라
쁘록씨마 삐에사 씨 노 띠에네
꼼쁘로미소

알았습니다.
Certainly, sir.

¡Cómo no!, señor.
꼬모 노 세뇨르

음악이 시작되었습니다.
The music begins.

Empieza la música.
엠삐에사 라 무씨까

월츠군요?
It's a waltz, isn't it?

Es un vals, ¿no es verdad?
에스 운 발스 노 에스 베르닷

당신은 월츠를 좋아하십니까?
Do you like waltz?

¿Le gusta el vals?
레 구스따 엘 발스

아주 좋아합니다.
Yes, I like it very much.

Me encanta.
메 엔깐따

또 다른 음악이 시작
되었습니다.
Another music begins.

Empieza otra música.
엠삐에사 오뜨라 무씨까

저건 무엇입니까?
What is it?

¿Qué música es esta?
께 무 씨 까 에스 에스따

탱고입니다.
It's a tango.

Es un tango.
에스 운 딴고

탱고도 좋아하십니까?
Do you like tango, too?

¿Le gusta el tango también?
레 구스따 엘 딴고 땀비엔

좋아합니다만, 월츠쪽을
더 좋아합니다.
I like it, but I like waltz better than tango.

Me encanta, pero me gusta
메 엔깐따 뻬로 메 구스따
más el vals.
마스 엘 발스

다음의 폭스트로트를 함께
추어 주시겠습니까?
May I engage you for the next foxtrot?

¿Podría bailar conmigo el
뽀드리아 바일라르 꼰미고 엘
próximo foxtrot?
프록씨모 폭스트로트

당신은 댄스솜씨가 아주
훌륭합니다.
You are very skilful in dance.

Usted baila muy bien.
우스뗏 바일라 무이 비엔

당신의 스텝은 아주
경쾌합니다.
Your steps are very light.

Sus pasos son muy ligeros.
수스 빠소스 손 무이 리헤로스

대단히 많이 추신 것 같군요.
You have danced much, I suppose.

Usted ha bailado mucho, creo.
우스뗏 아 바일라도 무초 끄레오

고맙습니다. 그러나 나는
아직 초심자입니다.
Thank you, but I am only a beginner.

Muchas gracias, pero soy
무차스 그라씨아스 뻬로 소이
principiante todavía.
쁘린씨삐안떼 또다비아

그렇게 너무 겸손하지
마십시오.
Don't be so modest.

No sea tan modesto.
노 세아 딴 모데스또

겸손 떨지 않습니다.
I don't depreciate myself.
I told you the truth.

No lo digo con modestia; he
노 로 디고 꼰 모데스띠아 에
dicho la verdad.
디초 라 베르닷

유쾌하게 춤추게 되어
감사합니다.
Thank you very much for the delightful dance.

Le agradezco mucho el haber
레 아그라데스꼬 무초 엘 아 베르
podido bailar alegremente.
뽀디도 바일라르 알레그레멘떼

나도 유쾌하게 춤추었습니다.
I enjoyed the dance, too.

Yo también me he divertido
요 땀비엔 메 에 디베르띠도
mucho en este baile.
무초 엔 에스떼 바일레

36. 수영

우리말 / 영어
(Swimming)

스페인어
(La natación)

당신은 헤엄칠 줄 압니까?
Can you swim?

¿Sabe usted nadar?
사베 우스뗏 나다르

예, 조금은 칠 줄 압니다.
Yes, I can swim a little.

Sí, señor. Sé nadar un poco.
씨 세뇨르 세 나다르 운 뽀꼬

아닙니다, 조금도 못칩니다.
No, I cannot swim a single stroke.

No, no nado para nada.
노 노 나도 빠라 나다

당신은 수영을 배우셨습니까?
Have you learned how to swim?

¿Ha aprendido usted a nadar?
아 아쁘렌디도 우스뗏 아 나다르

아닙니다, 나는 내 마음대로 헤엄칩니다.
No, I swim in my own way.

No, señor. Nado como puedo.
노 세뇨르 나도 꼬모 뿌에도

당신의 형님은 수영을 잘한다더군요.
I heard that your brother is an expert swimmer.

Dicen que su hermano es buen
디쎈 께 수 에르마노 에스 부엔
nadador.
나다도르

예, 그렇습니다.
Yes, he is.

Sí, así es.
씨 아씨 에스

형님은 어디서 수영을 배우셨습니까?
Where did he learn swimming?

¿Dónde aprendió a nadar su
돈데 아쁘렌디오 아 나다르 수
hermano?
에르마노

수영 교습소에서 배우셨습니다.
He learned it in the swimming school.

En la escuela de natación.
에느 라 에스꾸엘라 데 나따씨온

현재 행해지고 있는 주요한 수영법은 어떤 것입니까?
What are the principal swimming styles now in use?

¿Cuáles son los modos
꾸알레스 손 로스 모도스
principales de natación que se
쁘린씨빨레스 데 나따씨온 께 세
practican ahora?
쁘락띠깐 아오라

그것은 평영, 횡영, 팔매헤엄, 크롤, 배영 따위입니다.
They are the breast stroke, the side stroke, the trudgen (overarm stroke), the crawl and the back stroke.

Son la braza, braza de
손 라 브라사 브라사 데
costado—a la marinera—, la
꼬스따도 아 라 마리네라 라
mariposa, el "crawl" y la braza
마리뽀사 엘 끄롤 이 라 브라사
de espaldas.
데 에스빨다스

당신은 어느 형을 좋아하십니까?
What style of swimming do you like best?

¿Qué modo de natación le
께 모도 데 나따씨온 레
gusta más?
구스따 마스

나는 크롤을 가장 좋아합니다.
I like the crawl stroke best.

Me gusta más el "crawl".
메 구스따 마스 엘 끄롤

당신은 언제나 크롤로 해엄칩니까?
Do you always use the crawl?

¿Usa usted siempre el "crawl"?
우사 우스뗏 씨엠쁘레 엘 끄롤

아닙니다, 피로해지지 않기 위해서 평영으로 헤엄칩니다.

No, generalmente nado a la
노 헤네랄멘떼 나도 아 라

No, I usually use the breast stroke so as not to be tired.

braza para no cansarme.
브라사 빠라 노 깐사르메

나는 배영을 할줄 압니다.
I can swim on the back.

Sé nadar de espaldas.
세 나다르 데 에스빨다스

당신은 다이빙을 할줄 압니까?
Can you make diving?

¿ Puede usted zaumbullirse ?
뿌에데 우스뗏 삼부이르세

나는 겁장이니까 다이빙은 못합니다.
As I am timid, I cannot make a diving.

No puedo tirarme de cabeza
노 뿌에도 띠라르메 데 까베사
porque soy miedoso.
뽀르께 소이 미에도소

나는 키가 안 닿는 곳에는 결코 가지 않습니다.
I never go beyond my depth.

Nunca voy a donde no puedo
눈까 보이 아 돈데 노 뿌에도
hacer pie.
아세르 삐에

나는 몸띄우기를 할수 있습니다.
I can float on my back.

Puedo hacer la plancha.
뿌에도 아세르 라 쁠란차

나는 풀에서 헤엄을 배웠습니다.
I learned to swim in the swimming pool.

He aprendido a nadar en una
에 아쁘랜디도 아 나다르 엔 우나
piscina.
삐씨나

당신도 물에 잠길 줄 압니까?
Can you dive into the water?

¿ Puede usted bucear ?
뿌에데. 우스뗏 부세아르

압니다.
Yes, I can.

SI, puedo.
씨 뿌에도

얼마만큼이나 물속에 잠겨
있을 수 있습니까?
How long can you remain under the water?

¿ Cuánto tiempo puede resistir
꾸안또 띠엠뽀 뿌에데 ㄹ레씨스띠르
debajo del agua ?
데바호 델 아구아

조금밖에 잠겨 있지
못합니다.
I can remain under the water only for a moment.

Un poco. Tengo que salir a la
운 뽀꼬 뗀고 께 살리르 아 라
superficie pronto.
수뻬르피씨에 쁘론또

오늘은 대단히 덥습니다.
나와 함께 해수욕하러
안가시겠습니까?
It is very hot today. Won't you go to the seaside to have a bathe with me?

Hoy hace mucho calor ¿ No
오이 아세 무초 깔로르 노
quiere ir conmigo a bañarnos
끼에레 이르 꼰미고 아 바냐르노스
en la playa ?
엔 라 쁠라야

예, 가십시다.
Yes.

SÍ, con mucho gusto.
씨 꼰 무초 구스또

곧 떠나십시다.
Let us start at once.

Vamos ahora mismo.
바모스 아오라 미스모

수영하기 전에 체조를
합시다.
Let's take some exercises before we swim.

Hagamos un poco de ejercicio
아가모스 운 뽀꼬 데 에헤르씨씨오
antes de nadar.
안떼스 데 나다르

그것은 쥐내리는 것을 피하는
가장 좋은 방법입니다.
It is the best way to avoid a cramp in the calf.

Es la mejor manera de evitar
에스 라 메호르 마네라 데 에비따르
un calambre.
운 깔람브레

물 속에 20분 이상 있어서는
안됩니다.

No hay que estar en el agua
노 아이 께 에스따르 엔 엘 아구아

207

*Don't remain in the water
more than twenty minutes.*

más de veinte minutos.
마스 데 베인떼 미누또스

수영은 유쾌한 스포츠입니다.
*Swimming is an agreeable
sport.*

La natación es un deporte
라 나따씨온 에스 운 데뽀르떼
agradable.
아그라다블레

그것은 건강에 아주 좋습니다.
It is very good for health.

Es muy bueno para la salud.
에스 무이 부에노 빠라 라 살룻

제2부 단어편

1. 기 수 (基數)

기 수	Números cardinales	Cardinal numbers
1	**uno** 우 노	*one*
2	**dos** 도 스	*two*
3	**tres** 뜨레스	*three*
4	**cuatro** 꾸아뜨로	*four*
5	**cinco** 씬꼬	*five*
6	**seis** 세이스	*six*
7	**siete** 씨에떼	*seven*
8	**ocho** 오초	*eight*
9	**nueve** 누에베	*nine*
10	**diez** 디에스	*ten*
11	**once** 온세	*eleven*
12	**doce** 도세	*twelve*
13	**trece** 뜨레세	*thirteen*

[주의] 스페인어의 경우, 1은 남성 uno, 여성 una로서 uno가 명사(名詞) 앞에 올때는 un으로 된다. 16, 17 따위의 생략하지 않은 형태는 diez y seis, diez y siete....이다.

영어의 경우 21부터 29까지는 twenty 다음에 1부터 9까지의 수를 연자부(連字符)로 잇는다. 31부터 39까지는 thirty에 1부터 9까지의 수를 똑같이 잇는다. 41부터 49까지는 forty에 1부터 9까지의 수를 잇는다.

14	**catorce** 까또르세	*fourteen*
15	**quince** 낀세	*fifteen*
16	**dieciséis** 디에씨세이스	*sixteen*
17	**diecisiete** 디에씨씨에떼	*seventeen*
18	**dieciocho** 디에씨오초	*eighteen*
19	**diecinueve** 디에씨누에베	*nineteen*
20	**veinte** 베인떼	*twenty*
21	**veintiuno** 베인띠우노	*twenty-one*
22	**veintidos** 베인띠도스	*twenty-two*
29	**veitinueve** 베인띠누에베	*twenty-nine*
30	**treinta** 뜨레인따	*thirty*
31	**treinta y uno** 뜨레인따 이 우노	*thirty-one*
33	**treinta y tres** 뜨레인다 이 뜨레스	*thirty-three*
38	**treinta y ocho** 뜨레인다 이 오초	*thirty-eight*
40	**cuarenta** 꾸아렌따	*forty*
41	**cuarenta y uno** 꾸아렌따 이 우노	*forty-one*
44	**cuarenta y cuatro** 꾸아렌따 이 꾸아뜨로	*forty-four*
46	**cuarenta y seis** 꾸아렌따 이 세이스	*forty-six*

50	**cincuenta** 씬 꾸 엔 따	*fifty*
51	**cincuenta y uno** 씬 꾸 엔 따 이 우 노	*fifty-one*
55	**cincuenta y cinco** 씬 꾸 엔 따 이 씬 꼬	*fifty-five*
60	**sesenta** 세 센 따	*sixty*
61	**sesenta y uno** 세 센 따 이 우 노	*sixty-one*
67	**sesenta y siete** 세 센 따 이 씨에떼	*sixty-seven*
70	**setenta** 세 뗀 따	*seventy*
71	**setenta y uno** 세 뗀 따 이 우 노	*seventy-one*
72	**setenta y dos** 세 뗀 따 이 도스	*seventy-two*
77	**setenta y siete** 세 뗀 따 이 씨에떼	*seventy-seven*
79	**setenta y nueve** 세 뗀 따 이 누에베	*seventy-nine*
80	**ochenta** 오 첸 따	*eighty*
81	**ochenta y uno** 오 첸 따 이 우 노	*eighty-one*

[주의] 영어의 경우, 51부터 59까지는, fifty 뒤에 1부터 9까지의 수를 붙인다. 61부터 69까지는 sixty에 1부터 9까지의 수를 붙인다. 71부터 79까지는 seventy 뒤에 1부터 9까지의 수를 붙인다. 81부터 89까지는 eighty 다음에 1부터 9까지의 수를 붙인다. 91부터 99까지는 ninety 다음에 1부터 9까지의 수가 붙는다. 영어는 스페인어와 달리, hundred에 s가 안 붙는다. 스페인어에서, 200부터 900까지의 숫자가 여성명사의 붙을 때는 어미(語尾)가 여성형으로 된다. 200 doscientas, 300 trescientas, …, 900 novecientas.

89	**ochenta y nueve** 오 첸 따 이 누에베	*eighty-nine*
90	**noventa** 노 벤 따	*ninety*
91	**noventa y uno** 노 벤 따 이 우노	*ninety-one*
95	**noventa y cinco** 노 벤 따 이 씬꼬	*ninety-five*
98	**noventa y ocho** 노 벤 따 이 오조	*ninety-eight*
100	**cien** 씨엔	*one hundred*
101	**ciento uno** 씨엔또 우노	*one hundred & one*
200	**doscientos** 도 씨 엔 또 스	*two hundred*
317	**trescientos diecisiete** 뜨레씨엔또스 디에씨씨에떼	*three hundred & seventeen*
500	**quinientos** 끼 니 엔 또 스	*five hundred*
620	**seiscientos veinte** 세이씨엔또스 베인떼	*six hundred & twenty*
1,000	**mil** 밀	*one thousand*
2,000	**dos mil** 도스 밀	*two thousand*
9,000	**nueve mil** 누 에 베 밀	*nine thousand*
10,000	**diez mil** 디에스 밀	*ten thousand*

[주의] 1,000은 mil이라 하지, un mil 이라 하지 않는다. 2,000~9,000도 단수형(單數形)이다. 2,000 dos mil, 3,000 tres mil, …, 9,000 nueve mil. 1,000,000(millón)은 명사이다. Un millón de soldados (백만의 병사), dos millones de habitantes (2백만의 인구).

영어의 경우 2,000부터 99,0000까지는 thousand의 앞에, 2부터 99까지의 수가 온다.

99,000	**noventa y nueve mil** 노 벤 따 이 누에베 밀	*ninety-nine thousand*
100만	**un millón** 우 미 욘	*one million*
1,000만	**diez millones** 디에스 미요네스	*ten million*
1억	**cien millones** 씨엔 미요네스	*one hundred million*
10억	**mil millones** 밀 미요네스	*one thousand million* (美 *one billion*)
100억	**diez mil millones** 디에스 밀 미요네스	*ten thousand million* (美 *ten billion*)
1,000억	**cien mil millones** 씨엔 밀 미요네스	*one hundred thousand million* (美 *one hundred billion*)
1조	**un billón** 운 비 욘	*one billion* (美 *one trillion*)

2. 서 수 (序數)

서 수	Números ordinales	Ordinal numbers
제 1	**primero, primera** 쁘리메로 쁘리메라	*first*
제 2	**segundo, segunda** 세 군 도 세 군 다	*second*
제 3	**tercero** 떼르세로	*third*
제 4	**cuarto** 꾸아르또	*fourth*
제 5	**quinto** 낀 또	*fifth*
제 6	**sexto** 섹스또	*sixth*
제 7	**séptimo** 셉 띠 모	*seventh*
제 8	**octavo** 옥따보	*eighth*
제 9	**noveno** 노 베 노	*ninth*
제 10	**décimo** 데 씨 모	*tenth*

[주의] 스페인어의 제11이상의 서수는 다음과 같이 된다:

11 undécimo, decimoprimero
  운데씨모 데씨모쁘리메로
12 duodécimo, decimosegundo
  두어데씨모 데씨모세군도
13 decimotercio, decimotercero
  데씨모떼르씨오 데씨모떼르세로
14 decimocuarto
  데씨모꾸아르또
15 decimoquinto
  데씨모낀또
16 decimosexto
  데씨모섹스또
17 decimoséptimo
  데씨모셉띠모
18 decimoctavo
  데씨목따보
19 decimonoveno, decimonono
  데씨모노베노 데씨모노노
20 vigésimo
  비헤씨모
30 trigésimo
  뜨리헤씨모
40 cuatrigésimo
  꾸아뜨리헤씨모
50 quincuagésimo
  낀꾸아헤씨모
60 sexagésimo
  섹사헤씨모
70 septuagésimo
  셉뚜아헤씨모
80 octogésimo
  옥또헤씨모
90 nonagésimo
  노나헤씨모
100 centésimo
  센떼씨모
1,000 milésimo
  밀레씨모

★ 또 스페인어에서는 서수(序數)앞에서 정관사(定冠詞) el, la가 붙는다.
★ 영어에서는 서수는 원칙으로 기수 끝에 th가 붙어서 이루어진다. 그러나 단어 끝의 글자에 따라 다소 차이가 있다. 서수사(序數詞)는 제1, 제2, 제3 까지는 특수형이 쓰이지만 1, 2, 3이 끝에 있는 기수는 위와 같이 특수형이 쓰인다. 그 밖의 것은 대체로 끝에 th가 붙어서 서수사가 된다.
    twenty-first(제 21), thirty-second(제 32), forty-third(제 43)

5, 25, 35와 같이 five가 붙는 기수 및 twelve가 서수로 될 때는 단어 끝의 ve가 f로 되고 이 뒤에 th가 붙는다(다만 15는 제외된다)
    twenty-fifth(제 25), thirty-fifth(제 35), twelfth(제 12)

8 및 28, 38 따위와 같이 끝에 eight가 붙는 기수는 eighth로 된다.
    twenty-eighth(제 28), thirty-eighth(제 38)

9 및 끝에 nine 이 붙는 기수는 nine 끝의 e를 뗀 ninth로 된다.
    forty-ninth(제 49), fifty-ninth(제 59)

끝이 y로 끝나 있는 기수는 y를 ie로 바꾸어 그 다음에 th를 붙여 ieth로 된다.
    twentieth(제 20), thirtieth(제 30)

다른 경우는 기수 뒤에 th를 붙인다.
    eleventh(제 11), thirteenth(제 13)
    hundredth(제 100), one hundred and first(제 101)

서수 앞에는 대체로 정관사 the가 붙는다.

3. 날 짜

날 짜	La fecha	The date
1일	el 1° (primero) 쁘리메로	1 (the first)
2일	el 2 (dos) 도스	2 (the second)
3일	el 3 (tres) 뜨레스	3 (the third)
4일	el 4 (cuatro) 꾸아뜨로	4 (the fourth)
5일	el 5 (cinco) 씬꼬	5 (the fifth)
6일	el 6 (seis) 세이스	6 (the sixth)
7일	el 7 (siete) 씨에떼	7 (the seventh)
8일	el 8 (ocho) 오초	8 (the eighth)
9일	el 9 (nueve) 누에베	9 (the ninth)
10일	el 10 (diez) 디에스	10 (the tenth)
11일	el 11 (once) 온세	11 (the eleventh)
21일	el 21 (veintiuno) 베인띠우노	21 (the twenty-first)
22일	el 22 (veintidós) 베인띠도스	22 (the twenty-second)
23일	el 23 (veintitrés) 베인띠뜨레스	23 (the twenty-third)
31일	el 31 (treinta y uno) 뜨레인따 이 우노	31 (the thirty-first)

[주의] 스페인어에서는, 날짜를 나타내는데 있어서 1일만은 서수(序數)를 쓰고, 다른 날은 전부 기수로 나타낸다. 21일, 31일도 기수로써 나타낸다. 이 점, 영어와 아주 다르다. (앞에 수사의 부 참고할 것).

영어에서는, 날짜는 모두 서수사(序數詞)로써 나타낸다. 이 점, 스페인어와 다르다. (앞에 수사의 부 참고할 것)

4. 달 이름 (月名)

달	Los meses	The months
1월	**enero** 에네로	*January*
2월	**febrero** 페브레로	*February*
3월	**marzo** 마르소	*March*
4월	**abril** 아브릴	*April*
5월	**mayo** 마요	*May*
6월	**junio** 후니오	*June*
7월	**julio** 훌리오	*July*
8월	**agosto** 아고스또	*August*
9월	**septiembre** 셉띠엠브레	*September*
10월	**octubre** 옥뚜브레	*October*
11월	**noviembre** 노비엠브레	*November*
12월	**diciembre** 디씨엠브레	*December*
1월 1일	**el 1° (primero) de enero** 엘 쁘리메로 데 에네로	*January 1st (the first)*
12월 31일	**el 31 (treinta y uno)** 엘 뜨레인따 이 우노 **de diciembre** 데 디씨엠브레	*December 31st (the thirty-first)*

[주의] 스페인어에서는 달 이름에 대문자를 쓰지 않는다. 달 이름은 또 el mes de enero(1월)라고 하는 방법도 있다.
영어에서는 달 이름에 대문자를 쓴다.

5. 요 일 (曜日)

요일	Los días de la semana	The days of the week
일요일	domingo 도 민 고	Sunday
월요일	lunes 루 네 스	Monday
화요일	martes 마르떼스	Tuesday
수요일	miércoles 미에르꼴레스	Wednesday
목요일	jueves 후에베스	Thursday
금요일	viernes 비에르네스	Friday
토요일	sábado 사 바 도	Saturday
주(週)	semana 세 마 나	week
금주	esta semana 에스따 세 마 나	this week
내주	la semana próxima 라 세 마 나 쁘록씨마	next week
지난주	la semana pasada 라 세 마 나 빠사다	last week
내주의 월요일	el lunes próximo 엘 루네스 쁘록씨모	next Monday
지난주 일요일	el domingo pasado 엘 도 민 고 빠 사 도	last Saturday
주일(週日)	día de entresemana 디아 데 엔뜨레세마나	week-day

[주의] 스페인어에서는 주(週)의 요일 이름에 대문자를 안쓴다. 요일 이름은 모두 남성이므로 그것에 형용사가 붙을 때는 남성형이 쓰이게 된다.
영어에서는 요일 이름에 대문자가 쓰인다.

6. 네 계절 (四季)

네 계절	Las cuatro estaciones	The four seasons
봄	primavera 쁘리마베라	spring
여름	verano 베라노	summer
가을	otoño 오또뇨	autumn
겨울	invierno 인비에르노	winter
이 봄(금년봄)	esta primavera 에스따 쁘리마베라	this spring
이 여름	este verano 에스떼 베라노	this summer
이 가을	este otoño 에스떼 오또뇨	this autumn
이 겨울	este invierno 에스떼 인비에르노	this winter
지난 봄	la primavera pasada 라 쁘리마베라 빠사다	last spring
지난 여름	el verano pasado 엘 베라노 빠사도	last summer
지난 가을	el otoño pasado 엘 오또뇨 빠사도	last autumn
지난 겨울	el invierno pasado 엘 인비에르노 빠사도	last winter
내년 봄	la primavera próxima 라 쁘리마베라 쁘록씨마	next spring
내년 여름	el verano próximo 엘 베라노 쁘록씨모	next summer
내년 가을	el otoño próximo 엘 오또뇨 쁘록씨모	next autumn
내년 겨울	el invierno próximo 엘 인비에르노 쁘록씨모	next winter

봄에	**en la primavera** 엔 라 쁘리마베라	*in spring*
여름에	**en el verano** 엔 엘 베라노	*in summer*
가을에	**en el otoño** 엔 엘 오또뇨	*in autumn*
겨울에	**en el invierno** 엔 엘 인비에르노	*in winter*

7. 때 (時)

때	**El tiempo**	**Time**
세기	**siglo** 시글로	*century*
해(年)	**año** 아뇨	*year*
새해(新年)	**Año Nuevo** 아뇨 누에보	*New Year*
설날(元旦)	**primer día del año** 쁘리메르 디아 델 아뇨	*New Year's Day*
금년	**este año** 에스떼 아뇨	*this year*
작년	**el año pasado** 엘 아뇨 빠사도	*last year*
내년	**el año próximo** 엘 아뇨 쁘록씨모	*next year*
달	**mes** 메스	*month*
이 달	**este mes** 에스떼 메스	*this month*
지난 달	**el mes pasado** 엘 메스 빠사도	*last month*

오는달	el mes próximo 엘 메스 쁘록씨모	next month
날	día 디아	day
매일	todos los días 또도스 로스 디아스	every day
종일	todo el día 또 도 엘 디아	the whole day; all day
어제	el otro día 엘 오또로 디아	the other day
근일(近日)	un día de éstos 운 디아 데 에스또스	in a short time; before long
격일(隔日)로	cada dos días 까다 도스 디아스	every other day
오늘	hoy 오이	today
어제	ayer 아예르	yesterday
내일	mañana 마 냐 나	tomorrow
그제	anteayer 안떼아예르	the day before yesterday
모레	pasado mañana 빠사도 마냐나	the day after tomorrow
지금	ahora 아오라	at present; now
아침	la mañana 라 마냐나	morning
오늘 아침	esta mañana 에스따 마냐나	this morning
내일 아침	mañana por la mañana 마냐나 뽀르라 마냐나	tomorrow morning
어제 아침	ayer por la mañana 아예르 뽀르라 마냐나	yesterday morning

저녁때, 저녁	**tarde** 따르데	*evening*
밤	**noche** 노체	*night*
오늘저녁, 오늘밤	**esta tarde** 에스따 따르데	*this evening*
어제저녁, 어젯밤	**ayer por la tarde** 아예르 뽀르 라 따르데	*last evening*
오늘 밤	**esta noche** 에스따 노체	*tonight*
어젯 밤	**anoche** 아노체	*last night*
밤새	**toda la noche** 또다 라 노체	*all night; the whole night*
시간	**hora** 오라	*hour*
1 시간	**una hora** 우나 오라	*an hour*
반시간	**media hora** 메디아 오라	*half an hour*
분	**minuto** 미누또	*minute*
초	**segundo** 세군도	*second*
정오	**mediodía** 메디오디아	*noon*
한밤중의	**medianoche** 메디아노체	*midnight*
오전	**la mañana** 라 마냐나	*forenoon; a.m.*
오후	**tarde** 따르데	*afternoon; p.m.*
이른아침	**temprano por la mañana** 뗌쁘라노 뽀르 라 마냐나	*early in the morning*

8. 사 람 (人)

사 람	El hombre	The man
사람; 남자	hombre 옴 브 레	man
여자	mujer 무 헤 르	woman
남편	marido, esposo 마 리 도 에스뽀소	husband
아내	mujer, esposa 무 헤 르 에스뽀사	wife
사내아이; 아들	niño; hijo 니 뇨 이호	boy; son
계집아이; 딸	niña; hija 니 냐 이하	girl; daughter
소년	muchacho 무 차 초	boy
어린애	nene 네 네	baby
노인	viejo 비에호	old man
노파	vieja 비에하	old woman
청년	joven 호 벤	young man
처녀	virgen 비 르 헨	virgin, maid
형제	hermano 에 르 마 노	brother
자매	hermana 에 르 마 나	sister

한국어	Español	발음	English
형	**hermano mayor**	에르마노 마요르	*elder brother*
아우	**hermano menor**	에르마노 메노르	*younger brother*
누님	**hermana mayor**	에르마나 마요르	*elder sister*
누이동생	**hermana menor**	에르마나 메노르	*younger sister*
아버지	**padre**	빠드레	*father*
어머니	**madre**	마드레	*mother*
할아버지	**abuelo**	아부엘로	*grandfather*
할머니	**abuela**	아부엘라	*grandmother*
숙부	**tío**	띠오	*uncle*
숙모	**tía**	띠아	*aunt*
종형제	**primo**	쁘리모	*cousin*
종자매	**prima**	쁘리마	*cousin*
조카(남자)	**sobrino**	소브리노	*nephew*
조카(여자)	**sobrina**	소브리나	*niece*
양친	**padres**	빠드레스	*parents*
의부(義父)	**suegro**	수에그로	*father-in-law*
의모(義母)	**suegra**	수에그라	*mother-in-law*

아들	**hijo** 이 호	*son*
딸	**hija** 이 하	*daughter*
양자(養子)	**hijo adoptivo** 이호 아돕띠보	*adopted son*
양녀(養女)	**hija adoptiva** 이하 아돕띠바	*adopted daughter*
홀아버지	**viudo** 비우도	*widower*
홀어머니	**viuda** 비우다	*widow*
고아	**huérfano**(남), 우에르파노 **huérfana**(여) 우에르파나	*orphan*
친구	**amigo**(남), 아미고 **amiga**(여) 아미가	*friend*
주인	**amo** 아모	*master*
여자주인	**ama** 아마	*mistress*
고용인	**criado** 끄리아도	*employee*
여자 심부름꾼	**criada, sirvienta** 끄리아다 씨르비엔따	*maid*
신사	**caballero** 까바예로	*gentleman*
숙녀	**señora, dama** 세뇨라 다마	*lady*

9. 인 체 (人體)

인 체	El cuerpo humano	The human body
머리	**cabeza** 까베사	*head*
동체(胴體)	**tronco** 뜨론꼬	*trunk, body*
사지(四肢)	**miembros**(複) 미엠브로스	*limbs; the legs and arms*
머리	**cráneo** 끄라네오	*brainpan*
이마	**frente**(女) 프렌떼	*forehead*
코	**nariz**(女) 나리스	*nose*
귀	**oreja** 오레하	*ear*
입	**boca** 보까	*mouth*
혀	**lengua** 렌구아	*tongue*
이	**diente**(男) 디엔떼	*tooth*(單), *teeth*(複)
윗 입술	**labio superior** 라비오 수뻬리오르	*upper lip*
아랫입술	**labio inferior** 라비오 인페리오르	*lower lip*
위턱	**mandíbula** 만디불라	*upper jaw*
턱	**barba** 바르바	*chin*
눈	**ojo** 오호	*eye*

눈동자	**pupila** 뿌삘라	*pupil*
눈꺼풀	**párpado** 빠르빠도	*eyelid*
속눈썹	**pestañas**(複) 뻬스따나스	*eyelashes*(複)
눈썹	**cejas**(複) 세하스	*eyebrows*(複)
관자놀이	**sien**(女) 씨엔	*temple*
얼굴	**cara** 까라	*face*
뇌(腦)	**cerebro** 세레브로	*brain*
머리털	**cabello** 까베요	*the hair of the head*
수염	**bigote**(男) 비고떼	*mustache*
목	**cuello** 꾸에요	*neck*
목덜미	**nuca** 누까	*nape*
어깨	**hombro** 옴브로	*shoulder*
등	**espalda** 에스빨다	*back*
가슴	**pecho** 뻬초	*breast*
배	**vientre**(남) 비엔뜨레	*belly*
늑골(肋骨)	**costilla** 꼬스띠아	*rib*
척수(脊髓)	**espina** 에스삐나	*spine*

심장	corazón(男) 꼬라손	heart
폐장	pulmones(複) 뿔모네스	lung
위(胃)	estómago 에스또마고	stomach
장(腸)	intestinos(複) 인떼스띠노스	intestines(複)
소장(小腸)	intestino delgado 인떼스띠노 델가도	small intestine
대장(大腸)	intestino grueso 인떼스띠노 그루에소	large intestine
맹장(盲腸)	apéndice(男) 아뻰디세	caecum, appendix
십이지장 (十二指腸)	duodeno 두오데노	duodenum
간장(肝臟)	hígado 이가도	liver
신장(腎臟)	riñones(複, 男) ㄹ리뇨네스	kidneys(複)
자궁(子宮)	matriz 마뜨리스	uterus
허리	cintura 씬뚜라	waist
목	garganta 가르간따	throat
식도(食道)	esófago 에소파고	gullet
엉덩이	cola 꼴라	buttocks
항문(肛門)	ano 아노	annus
유방(乳房)	teta 떼따	breast
배꼽	ombligo 옴블리고	navel

피부	**piel** 삐엘	*skin*
뼈	**hueso** 우에소	*bone*
근육	**músculo** 무스꿀로	*muscles(複)*
살(뼈, 가죽에 대해)	**carne** 까르네	*flesh*
신경	**nervio** 네르비오	*nerves(複)*
혈액	**sangre** 산그레	*blood*
동맥	**arteria** 아르떼리아	*artery*
정맥	**vena** 베나	*vein*
손	**mano** 마노	*hand*
팔뚝	**brazo** 브라소	*arm*
팔꿈치	**codo** 꼬도	*elbow*
손목	**muñeca** 무녜까	*wrist*
주먹	**puño** 뿌뇨	*fist*
손가락	**dedo** 데도	*finger*
엄지손가락	**pulgar**(男) 뿔가르	*thumb*
검지손가락	**Índice**(男) 인디세	*forefinger*
가운데손가락	**medio** 메디오	*middle finger (long finger)*
무명지	**anular**(男) 아눌라르	*the third finger*
새끼손가락	**meñique**(男) 메니께	*little finger*

손바닥	**palma** 빨마	*the hollow of the hand*
손등	**dorso de la mano** 도르소 델 라 마노	*the back of the hand*
손톱	**uña** 우냐	*nail*
발	**pie**(男) 삐에	*foot(單), feet(複)*
다리	**pierna** 삐에르나	*leg, limb*
허벅다리	**muslo** 무슬로	*thigh*
무릎	**rodilla** ㄹ로디아	*knee*
뒤축	**talón** 딸론	*heel*
발바닥	**planta** 쁠란따	*sole*
발가락	**dedo del pie** 데도 델 삐에	*toe*
침	**saliva** 살리바	*spittle, saliva*
흘리는 침	**baba** 바바	*slaver*
젖	**leche** 레체	*milk*
땀	**sudor** 수도르	*sweat*
콧물	**moco** 모꼬	*nasal mucus*
담(痰)	**flema** 플레마	*phlegm*
눈물	**lágrima** 라그리마	*tear*
눈꼽	**lagaña, legaña** 라가냐 레가냐	*gum*
오줌	**orina** 오리나	*urine*
똥	**excrementos**(複) 엑스끄레멘또스	*faeces, excrement*

10. 병 (病)

병	Enfermedades	The sickness
두통(頭痛)	**dolor de cabeza** 돌로르 데 까베사	*headache*
치통(齒痛)	**dolor de muelas** 돌로르 데 무엘라스	*toothache*
복통(腹痛)	**dolor de vientre** 돌로르 데 비엔뜨레	*bellyache*
감기	**resfriado** ㄹ레스프리아도	*cold*
코 카타르	**catarro nasal** 까따ㄹ로 나살	*nasal catarrh*
카타르	**catarro** 까따ㄹ로	*catarrh*
기관지 카타르	**bronquitis** 브론끼띠스	*bronchial catarrh*
천식(喘息)	**asma** 아스마	*asthma*
기침	**tos** 또스	*cough*
편도선염(扁桃腺炎)	**amigdalitis** 아미그달리띠스	*tonsillitis*
인후(咽喉)카타르	**laringitis** 라린히띠스	*catarrh of the throat*
폐염	**pulmonía** 뿔모니아	*inflammation of the lungs*
늑막염	**pleuresía** 쁠레우레씨아	*pleurisy*
결핵	**tuberculosis** 뚜베르꿀로씨스	*tuberculosis*
폐결핵	**tuberculosis de pulmón** 뚜베르꿀로씨스 데 뿔몬	*pulmonary tuberculosis*
심장병	**enfermedad del corazón** 엔페르메닷 델 꼬라손	*heart disease*

심장마비	**parálisis cardíaca** 빠랄리씨스 까르디아까	*heart failure*
위(胃)카타르	**catarro estomacal** 까따로 에스또마깔	*catarrh of the stomach*
위궤양(胃潰瘍)	**úlcera estomacal** 울세라 에스또마깔	*gastric ulcer*
암(癌)	**cáncer** 깐세르	*cancer*
위암(胃癌)	**cáncer de estómago** 깐세르 데 에스또마고	*cancer of the stomach*
장(腸) 카타르	**catarro intestinal** 까따로 인떼스띠날	*the inflamation of the intestines*
빈혈(貧血)	**anemia** 아네미아	*anemia*
뇌빈혈(腦貧血)	**anemia cerebral** 아네미아 세레브랄	*celebral anemia*
히스테리	**histeria** 이스떼리아	*hysteria*
복막염(腹膜炎)	**peritonitis** 뻬리또니띠스	*peritonitis*
맹장염(盲腸炎)	**apendicitis** 아뻰디씨띠스	*appendicitis*
황달(黃疸)	**ictericia** 익떼리씨아	*jaundice*
당뇨병(糖尿病)	**diabetes** 디아베떼스	*diabetes*
신장염(腎臟炎)	**inflamación de riñones** 인플라마씨온 데 ㄹ리뇨네스	*inflammation of the kidneys*
고혈압(高血壓)	**hipertonia** 이뻬르또니아	*high blood pressure*
소화불량	**indigestión** 인디헤스띠온	*impaired digestion*
신경쇠약	**neurastenia** 네우라스떼니아	*nervous debility*
뇌충혈(腦充血)	**congestión cerebral** 꼰헤스띠온 세레브랄	*congestion of the brain*
중이염(中耳炎)	**timpanitis** 띰빠니띠스	*tympanitis*

트라코마	**tracoma** 뜨라꼬마	*trachoma*
콜레라	**cólera** 꼴레라	*cholera*
장티푸스	**fiebre tifoidea** 피에브레 띠퍼이데아	*typhoid fever*
이질(痢疾)	**disentería** 디센떼리아	*dysentery*
류머티즘	**reumarismo** ㄹ레우마띠스모	*rheumatism*
소아마비	**parálisis infantil** 빠랄리씨스 인판띨	*paralysis infantil*
설사	**diarrea** 디아ㄹ레아	*diarrhea*

11. 집 (家)

집	**La casa**	The house
방	**cuarto** 꾸아르또	*room*
침실	**dormitorio** 도르미또리오	*bedroom*
식당	**comedor** 꼬메도르	*dining-room*
응접실	**recibidor** ㄹ레씨비도르	*drawing-room*
서재	**estudio** 에스뚜디오	*study*
부엌	**cocina** 꼬씨나	*kitchen*
화장실	**tocador** 또까도르	*toilet*
현관	**vestíbulo** 베스띠불로	*vestibule*

복도	**corredor** 꼬ㄹ레도르	*corridor*
아래층	**piso inferior** 삐소 인페리오르	*downstairs*
2층	**primer piso** 쁘리메르 삐소	*the second story(미), the first floor(영)*
지하실	**sótano** 소따노	*basement*
계단	**escalera** 에스깔레라	*stairs(複)*
2층집	**casa de dos pisos** 까사 데 도스 삐소스	*two-storied house*
발코니	**balcón** 발 꼰	*balcony*
베란다	**terraza** 떼ㄹ라사	*veranda*
문	**puerta** 뿌에르따	*door*
창(窓)	**ventana** 벤 따 나	*window*
벽	**pared** 빠 렛	*wall*
천장	**techo** 떼 초	*ceiling*
마루	**suelo** 수엘로	*floor*
지붕	**tejado** 떼하도	*roof*

12. 실 내 (室內)

실 내	Interior de la habitación	Inside of the room
책상	**escritorio** 에스끄리또리오	desk
탁상	**mesa** 메사	table
의자	**silla** 씨아	chair
안락의자	**sillón** 씨욘	armchair
소파	**sofá** 소파	sofa
걸상	**banco** 반꼬	bench
침대	**cama** 까마	bed
난로	**estufa** 에스뚜파	stove
책장	**estante** 에스딴떼	bookcase
시계	**reloj** ㄹ렐로흐	clock
장(欌)	**armario** 아르마리오	closet
옷장	**ropero** ㄹ로뻬로	wardrobe
액자	**cuadro** 꾸아드로	picture
커튼	**cortina** 꼬르띠나	curtain
꽃병	**florero** 플로레로	vase
전등	**lámpara** 람빠라	lamp

카페트	**alfombra** 알 펌 브 라	*carpet*
라디오	**radio** ㄹ라디오	*radio*
텔레비	**televisor** 뗄레비소르	*televisor*
선풍기	**ventilador** 벤띨라도르	*fan*
피아노	**piano** 삐아노	*piano*

13. 요 리 (料理)

요 리	La cocina	The cooking
빵	**pan**(男) 빤	*bread*
버터	**mantequilla** 만 떼 끼 아	*butter*
치즈	**queso** 께 소	*cheese*
잼	**compota** 꼼 뽀 따	*jam*
식사	**comida** 꼬 미 다	*meal*
소스	**salsa** 살 사	*sauce*
화이트 소스	**salsa blanca** 살 사 블란까	*white sauce*
톱톱한 수프	**caldo** 깔 도	*potage*
말강 수프	**consomé**(女) 꼰 소 메	*consommé*
살고기 (肉)	**carne**(女) 까르네	*meat*

쇠고기	**carne de vaca** 까르네 데 바 까	*beef*
돼지고기	**puerco** 뿌에르꼬	*pork*
스튜	**guisado** 기 사 도	*stew*
커틀리트	**chuleta** 출 레 따	*cutlet*
포크 커틀리트	**chuleta de puerco** 출 레 따 데 뿌에르꼬	*pork cutlet*
로스 비프	**rosbif(男)** ㄹ로스비프	*roast beef*
비프스테이크	**bistec(男)** 비스떽	*beefsteak*
오므라이스	**tortilla** 또르띠아	*omelet*
삶은 달걀	**huevo pasado por agua** 우에보 빠 사 도 뽀르 아구아	*boiled eggs*
달걀 프라이	**huevo frito** 우에보 프리또	*fried eggs*
굴 튀김	**ostra frita** 오스뜨라 프리따	*fried oysters*
새우 튀김	**langosta frita** 란고스따 프리따	*fried lobster*
감자 튀김	**patata frita (papa frita)** 빠따따 프리따 빠빠 프리따	*fried tomatoes*
야채 샐러드	**ensalada** 엔 살 라 다	*vegetable salad*
파이	**empanada** 엠 빠 나 다	*pie*
아이스크림	**helado** 엘 라 도	*ice-cream*

14. 과 일 (果物)

과 일	Las frutas	The fruits
사과	**manzana** 만 사 나	*apple*
배	**pera** 뻬 라	*pear*
포도	**uva** 우바	*grape*
버찌	**cereza** 세 레 사	*cherry*
복숭아	**melocotón** 멜 로 꼬 똔	*peach*
딸기	**fresa** 프레사	*strawberry*
오렌지	**naranja** 나 란 하	*orange*
바나나	**plátano** 쁠라따노	*banana*
파인애플	**piña** 삐냐	*pineapple*
멜런	**melón** 멜론	*melon*
수박	**sandía** 산디아	*water melon*
무화과	**higo** 이고	*fig*
살구	**albaricoque** 알 바 리 꼬 께	*apricot*
밀감	**mandarina** 만 다 리 나	*mandarin orange*

15. 음 료 (飮料)

음 료	Las bebidas	The drinks
물	**agua** 아구아	*water*
따뜻한 물	**agua caliente** 아구아 깔리엔떼	*hot water*
차	**té** 떼	*tea*
녹차	**té verde** 떼 베르데	*green tea*
홍차	**té negro** 떼 네그로	*black tea*
커피	**café** 까페	*coffee*
블랙 커피	**café solo** 까페 솔로	*black coffee*
초컬리트	**chocolate** 초꼴라떼	*chocolate*
코코아	**cacao** 까까오	*cocoa*
알콜음료	**alcohol** 알 꼴	*alcohol*
포도주	**vino** 비 노	*wine*
맥주	**cerveza** 세르베사	*beer*
브랜디	**aguardiente** 아구아르디엔떼	*brandy*
코냐크	**coñac** 꼬 낙	*cognac*
샴페인	**champaña** 참 빠 나	*champagne*
레머네이드	**limonada** 리 모 나 다	*lemonade*

쥬스	jugo 후 고	juice
오렌지 쥬스	jugo de naranja 후 고 데 나 란 하	orange juice
우유	leche 레 체	milk

16. 복 장 (服裝)

복 장	El vestido	The clothing
신사복	saco 사 꼬	sack coat (lounge suit)
조끼	chaleco 찰 레 꼬	waistcoat
바지	pantalones(男, 複) 빤 딸 로 네 스	trousers(複)
오버코트	sobretodo, abrigo 소브레또도 아브리고	overcoat (topcoat)
망토	manto 만 또	mantle
모닝코트	chaqué(男) 차 께	morning coat
프록코트	levita 레비따	frock coat
연미복(燕尾服)	frac(男) 프락	evening dress (swallowtail)
턱시도(남자의 야회복)	smoking(男) 스 모 킹	tuxedo (dinner jacket)
부인복	traje de damas(男) 뜨라헤 데 다마스	robe
로브 몽당트	ropa montante ㄹ로빠 몬 딴 떼	robe montante(불)

로브 데콜테	ropa decolletée ㄹ로빠 데 꼴레떼	robe décolletée(불)
이브닝 드레스(야회복)	vestido de etiqueta 베스띠도 데 에띠께따	evening dress
부인 평상복	ropa común ㄹ로빠 꼬문	everyday dress
부인 윗옷	chaqueta 차 께 따	jacket
스커트	falda 팔 다	skirt
블라우스	blusa 블루사	blouse
쉐터	jersey, suéter(男) 제르씨 수에떼르	sweater
잠옷	pijama 삐 하 마	pajamas (pyjamas)
언더스커트 (스커트 밑에 입는)	enagua 에나구아	underskirt
와이샤쓰	camisa 까 미 사	white shirt
집안에서 입는 옷	bata 바따	robe de chambre(불)
쇼을	chal 찰	shawl
속옷	ropa interior ㄹ로빠 인떼리오르	underwear
넥타이	corbata 꼬르바따	tie, necktie
스카프	bufanda 부 판 다	scarf
장갑	guantes(男, 複) 구 안 떼 스	gloves(複)
양말(짧은)	calcetines(男, 複) 깔세띠네스	socks(複)
양말(긴)	medias(女, 複) 메디아스	stockings(複)
허리띠	cinturón(男) 씬 뚜 론	belt (band)

17. 신 발

신 발	El calzado	The shoes & boots
단화(短靴)	zapatos(複) 사빠또스	shoes(複)
한켤레의 구두	un par de zapatos 운 빠르 데 사빠또스	a pair of shoes
목 긴 구두 (編上靴)	botas(複) 보따스	lace-boots(複)
반장화	botines(男, 複) 보띠네스	bottines(複)
에나멜 구두	zapatos de charol(複) 사빠또스 데 차롤	enamel shoes(複)
장화	botas(複) 보따스	long boots(複)
나막신	zuecos(複) 수에꼬스	wooden clogs(複)
슬리퍼	zapatillas(複) 사빠띠야스	slippers(複)
구두주걱	calzador 깔사도르	shoehorn
구두약	betún(男) 베뚠	shoe polish
고무신	zapatos de caucho(複) 사빠또스 데 까우초	rubber shoes(複)
하이힐	zapatos de tacón alto(複) 사빠또스 데 따꼰 알또	high heeled shoes(複)

18. 문 방 구 (文房具)

문 방 구	La papelería	The stationeries
종이	papel 빠뻴	paper
편지지	papel de carta 빠뻴 데 까르따	letter-paper
봉투	sobre 소브레	envelope
공책	cuaderno 꾸아데르노	note-book
연필	lápiz 라삐스	pencil
색연필	lápiz de color 라삐스 데 꼴로르	colored pencil
만년필	plumafuente(女) 쁠루마 푸엔떼	fountain pen
펜	pluma 쁠루마	pen
펜대	lapicero 라삐세로	penholder
잉크	tinta 띤따	ink
흡인종이(吸取紙)	secante(男) 세깐떼	blottin-paper
그림물감	colores(複) 꼴로레스	colors
서진(書鎭)	pisapapeles(男) 삐사빠뻴레스	paper-weight
칼	navaja 나바하	knife
종이자르는 칼	cortapapeles 꼬르따빠뻴레스	paperknife

연필깎이	**sacapuntas**(男) 사 까 뿐 따 스	pencil sharpener
자	**regla** ㄹ레글라	ruler
삼각자	**cartabón**(男) 까르따본	set square
지우개	**goma** 고 마	India rubber (eraser)
아라비아고무	**goma arábica** 고 마 아라비까	gum arabic
풀	**pasta** 빠스따	paste
명함	**tarjeta** 따르헤따	visiting card
수첩	**agenda** 아헨다	pocket book (notebook)

19. 색 (色)

색	Los colores	The colours
붉은	**rojo** ㄹ로호	*red*
검은	**negro** 네그로	*black*
하얀	**blanco** 블란꼬	*white*
누런	**amarillo** 아마리요	*yellow*
녹색의	**verde** 베르데	*green*
푸른	**azul** 아술	*blue*
주황색의	**anaranjado** 아나란하도	*orange*
쥐색의	**gris** 그리스	*grey (gray)*
주홍색의	**escarlata** 에스까를라따	*scarlet*
핑크색의	**rosa** ㄹ로사	*rose*
새빨간	**carmesí** 까르메씨	*crimson*
갈색의	**marrón** 마ㄹ론	*brown*
자색(紫色)의	**morado** 모라도	*purple*

[주의] 스페인어의 형용사는 남성명사를 수식할 때는 남성형, 여성명사를 수식할 때는 여성형을 쓴다.

담청(淡靑)색의	**azul claro** 아술 끌라로	*light blue*
짙푸른	**azul marino** 아술 마리노	*deep blue*
감색(紺色)의	**azul oscuro** 아술 오스꾸로	*dark blue*
다갈색의	**marrón oscuro** 마ㄹ론 오스꾸로	*dark brown*
옅은 녹색의	**verde claro** 베르데 끌라로	*light green*
짙은 녹색의	**verde oscuro** 베르데 오스꾸로	*deep green*
옅은 자색의	**morado claro** 모라도 끌라로	*light purple*
짙은 자색의	**morado oscuro** 모라도 오스꾸로	*deep purple*

20. 타는 것 (乘物)

타는 것	Los vehículos	The vehicles
기차, 열차	**tren** 뜨 렌	*train*
보통열차	**tren ómnibus** 뜨 렌 옴니부스	*slow train*
급행열차	**tren expreso** 뜨 렌 엑스쁘레소	*express (express train)*
여객열차	**tren de pasajeros** 뜨 렌 데 빠사헤로스	*passenger-train*
전차	**tranvía** 뜨란비아	*tram-car*
지하철도	**subterráneo (metro)** 숩떼ㄹ라네오 메뜨로	*unerground railway (subway)*
객차	**vagón de pasajeros** 바 곤 데 빠사헤로스	*passenger-car*
침대차	**coche-cama** 꼬 체 까 마	*sleeping car*
식당차	**coche-comedor** 꼬 체 꼬메도르	*dining car*
전망차	**coche-mirador** 꼬 체 미라도르	*observation car*
차실(車室)	**departamento** 데 빠르 따 멘 또	*compartment*
기관차	**locomotora** 로 꼬 모 또 라	*locomotive*
전기기관차	**locomotora eléctrica** 로 꼬 모 또 라 엘렉뜨리까	*electric locomotive*
자동차	**automóvil** 아우또모빌	*car, automobile*
버스	**autobús** 아우또부스	*bus*
택시	**taxi** 딱 씨	*taxi*

오토바이	**motocicleta** 모또씨끌레따	*motorcycle (motorbike)*
자전거	**bicicleta** 비씨끌레따	*bicycle*
비행기	**avión, aeroplano** 아비온 아에로쁠라노	*aeroplane (airplane)*
여객기	**avión de pasajeros** 아비온 데 빠사헤로스	*passenger plane*
기선	**vapor** 바뽀르	*steamer (steamship)*
기차에 타다	**tomar el tren** 또마르 엘 뜨렌	*take a train*
기차로 가다	**ir en tren** 이르 엔 뜨렌	*go by train*
자동차로	**en automóvil** 엔 아우또모빌	*by car*
자전거로	**en bicicleta** 엔 비씨끌레따	*by bicycle*
버스로	**en autobús** 엔 아우또부스	*by bus*
여객기로	**en avión** 엔 아비온	*by plane*
배로	**en barco** 엔 바르꼬	*by ship*

부록

스페인어 발음에 대해

알 파 베 또

	대문자	소문자	발음기호	읽는법		대문자	소문자	발음기호	읽는법
1	A	a	[a]	아	16	N	n	[éne]	에네
2	B	b	[be]	베	17	Ñ	ñ	[éɲe]	에네
3	C	c	[θe]	세	18	O	o	[o]	오
4	Ch	ch	[tʃe]	체	19	P	p	[pe]	뻬
5	D	d	[de]	데	20	Q	q	[ku]	꾸
6	E	e	[e]	에	21	R	r	[ére]	에레
7	F	f	[éfe]	에페	22	–	rr	[eRe]	에ㄹ레
8	G	g	[xe]	헤	23	S	s	[ése]	에세
9	H	h	[átʃe]	아체	24	T	t	[te]	떼
10	I	i	[i]	이	25	U	u	[u]	우
11	J	j	[xóta]	호따	26	V	v	[be]	베
12	K	k	[ka]	까	27	W	w	[bedóble]	베도블레
13	L	l	[éle]	엘레	28	X	x	[ékis]	에끼스
14	Ll	ll	[éje]	에예	29	Y	y	[je]	예
15	M	m	[éme]	에메	30	Z	z	[θéta]	세따

[주의] (12) K, (27) W는 본래의 스페인어 자모(字母)에는 없고 외래어에만 사용된다.
 (14) ll는 중남미를 중심하여 에예[éje]로 나타냈으나, 표준음으로는 [éʎje엘례]이며, 그밖에도 에제[éʒe]로 발음해도 된다.
 (22) rr의 대문자는 없다. r가 철자의 맨앞에 올 때는 rr로 읽는다.
 (29) y는 이그리에가[igriéga]라 읽어도 된다.
 (30) z는 세따(θeda)라 읽는 수도 있다.

253

발 음

1. 단모음(單母音)

a[a]	**e**[e]	**i**[i]	**o**[o]	**u**[u]
아	에	이	오	우

2. 단자음(單子音)

1	b [b]	ba 바	be 베	bi 비	bo 보	bu 부
2	c [θ.k]	ca 까	ce 세	ci 씨	co 꼬	cu 꾸
3	ch [tʃ]	cha 차	che 체	chi 치	cho 초	chu 추
4	d [d]	da 다	de 데	di 디	do 도	du 두
5	f [f]	fa 파	fe 페	fi 피	fo 포	fu 푸
6	g [g·x]	ga 가	ge 헤	gi 히	go 고	gu 구
7	h [-]	ha 아	he 에	hi 이	ho 오	hu 우
8	j [x]	ja 하	je 헤	ji 히	jo 호	ju 후
9	k [k]	ka 까	ke 께	ki 끼	ko 꼬	ku 꾸
10	l [l]	la 라	le 레	li 리	lo 로	lu 루
11	ll [j]	lla 야	lle 예	lli 이	llo 요	llu 유
12	m [m]	ma 마	me 메	mi 미	mo 모	mu 무
13	n [n]	na 나	ne 네	ni 니	no 노	nu 누

#						
14	ñ [ɲ]	ña 냐	ñe 녜	ñi 니	ño 뇨	ñu 뉴
15	p [p]	pa 빠	pe 뻬	pi 삐	po 뽀	pu 뿌
16	q [k]	–	que 께	qui 끼	–	–
17	r [r]	ra 라	re 레	ri 리	ro 로	ru 루
18	rr [R]	rra ㄹ라	rre ㄹ레	rri ㄹ리	rro ㄹ로	rru ㄹ루
19	s [s]	sa 사	se 세	si 씨	so 소	su 수
20	t [t]	ta 따	te 떼	ti 띠	to 또	tu 뚜
21	v [b]	va 바	ve 베	vi 비	vo 보	vu 부
22	w [u]	wa 와	we 웨	wi 위	wo 오	wu 우
23	x [ks·s]	xa ㄱ사	xe ㄱ세	xi ㄱ씨	xo ㄱ소	xu ㄱ수
24	y [j·i]	ya 야	ye 예	yi 이	yo 요	yu 유
25	z [θ]	za 사	ze 세	zi 씨	zo 소	zu 수
26	g [g]	–	gue 게	gui 기	–	–
		–	güe 구에	güi 구이	–	–

casa(집), cerdo(돼지), gato(고양이), general(장군), harina(밀가루),
까 사   세르도   가또   헤 네 랄   아리나

queso(치즈), río(강), examen(시험), extranjero(외국의), guerra(전쟁),
께 소   ㄹ리오   엑 사 멘   엑스뜨란헤로   게ㄹ라

máquina(기계), antigüedad(고대), lingüístico(언어의)
마 끼 나   안띠구에닷   린구이스띠꼬

3. 음부 (音符)

(1) acento　"´"　　　a. 강세(强勢)를 나타낼 때.
　　아센또
　　　　　　　　　　　보기 － estación
　　　　　　　　　　　　　　　　에스따씨온
　　　　　　　　　　b. 의미의 내용이 다름을 나타낼 때.
　　　　　　　　　　　보기 － sí(그렇습니다), si(만약에)
　　　　　　　　　　　　　　　　씨　　　　　　　씨
　　　　　　　　　　c. 의문감탄(疑問感歎)의 경우.
　　　　　　　　　　　보기 － qué(무엇의), cómo(어떻게)
　　　　　　　　　　　　　　　　께　　　　　　　꼬 모

(2) diéresis　"¨"　　　무음(無音)을 유음(有音)으로 한다.
　　디에레씨스
　　　　　　　　　　보기 － vergüenza(부끄럼), cigüeña(황새)
　　　　　　　　　　　　　　　베르구엔사　　　　　　씨구에냐

(3) tilde　"~"　　　구개음화(口蓋音化)한 ㄴ을 나타낸다.
　　띨데
　　　　　　　　　　보기 － niño(아이), cañón(대포=大砲)
　　　　　　　　　　　　　　　니뇨　　　　　　까뇬

4. 발음상의 주의

(1) **"u"** 이 음은 우리의 "우"와는 달리, 원구음(圓口音)이라 하여, 입을 되도록 내밀면서 발음한다. 영어의 wood [u : d], food [fu : d]에 있는 음(音)이므로,
　　　　　　　　　　　　　　　　우 드　　　　　푸 드
영어 발음을 알고 있는 사람은 곤란을 안받을 것이다. 우리 "우"와 달른 입체적 "우"라 생각하면 된다.

보기 － luna(달), Cuba(쿠바)
　　　　　루 나　　　꾸 바

(2) **"c"**, **"z"** 이 두 음은, c가 ce, ci로 철자될 때는 같은 음이다. 영어의
　　　　　　　　　　　　　　　　　　　세 씨
th[θ]이다. 다만 중남미에서는 [θ]가 모두 [s]로 되니까 간단하지만, ci, zi로 되어
　　　　　　　　　　　　　　　　　　　　　　　　　　　　　　　　씨 씨
있을 때, 우리의 "씨"로 안되게 조심할 일이다.

보기 － cinco(다섯), zapato(구두)
　　　　　씬 고　　　　사빠또

256

(3) **"g"**, **"j"** ge, gi로 될 때는 j와 같은 음이 된다. 목구멍 안에서 거센
                  헤 히
마찰(摩擦)을 일으켜 내는 소리. k와 h의 중간음이다. gue, gui 때는 g을
                                                                             게 기
경음(硬音) [g]으로 읽게 하는 부호로서 u는 발음하지 않는다. 구에, 구이로 읽지
않고 그냥 게, 기로 읽는다. 구에, 구이로 될 때는 güe, güi로 되어
디에레씨스(¨)를 붙인다.
보기 – gente(사람들), jardín(뜰), siguiente(다음의), lingüística(언어학=言語學)
        헨 떼   하르딘   씨기엔떼   린구이스띠까

(4) **"r"**, **"l"** 영어에서는 right의 r와 light의 l과의 차이를 설명할 필요도
없지만, 이 두 음을 구별하지 않는 사람이 많다. 간단히 구별할 수 있으니까
조심할 일이다.
보기 – pero(그러나), pelo(머리털)
        빼로   뻴로

(5) **"rr"** 혀의 진동이 계속되는 r음이다. 혀에 힘을 빼고서 "르"라고 거세게
발음하면 된다. 이 책에서는 작은 활자로 "ㄹ"를 넣어 표시했다.
보기 – rico(부자의), carro(차=車)
       ㄹ리꼬   까ㄹ로

(6) **"y"** 모음 사이에 끼었을 때 i음을 넣어 발음하는 일이 있다.
보기 – mayo(5월), mayor(연상의=年上의)
       마 요   마요르
또 이 음을 yo(나), ya(이미)로 발음하는 사람도 있다.
                  조   자

5. 복자음(複子音)

다음의 자음은 뗄 수 없어서 하나의 자음으로 취급된다. 따라서 읽을 때는
하나의 자음과 같이 읽으며 쓸때는 종이 끝쪽에 왔다 해도 떼어 적을 수 없다.

pl, pr, bl, br, fl, fr, cl, cr, gl, gr, tl, tr, dr

보기 – pluma(펜), bruma(안개). 그런데 lección(수업), innumerable(무수한)
        쁠루마   브루마   렉씨온   인누메라블레
따위는 복자음이 아니므로 읽을 때나 쓸 때나 lec-ción, in-numerable로 자를
수가 있다.

6. 복 모 음 (複母音)

a, e, o를 강모음(强母音)이라 하고, **i, u**를 약모음(弱母音)이라고 한다. 강약의 모음이 결합되었을 때 이를 복모음이라고 한다. 복모음에는 이중모음(二重母音)과 삼중모음(三重母音)이 있다. 이중모음은 강모음 하나, 약모음 하나의 결합이며, 삼중모음은 강모음 하나, 약모음 둘의 결합으로서 어느 경우고 강모음을 중심으로 한 하나의 모음이라고 간주(看做)한다.

(1) 이중모음

ai- aire(공기), baile(댄스)
  아이레   바일레

au- autor(저자), audaz(대담한)
  아우또르   아우다스

ia- piano(피아노), viaje(여행)
  삐아노   비아헤

ua- agua(물), cuatro(넷 = 四)
  아구아   꾸아뜨로

(2) 삼중모음

iai- estudiáis(너희들은 공부한다)
  에스뚜디아이스

uai- Paraguay(파라과이)
  빠라구아이

uei- buey(소 = 牛)
  부에이

7. 액센트와 인토네이션

스페인어의 액센트는 아주 간단하여 다음 3가지 경우만 알고 있으면 그것으로 족하다.

(1) 모음 및 n, s 로 끝나는 단어의 액센트는 끝에서 두 번째 철음(綴音)에 있다.
  보기 — ca-sa(집), ca-be-za(머리), e-xa-men(시험), lu-nes(월요일)
       까 사   까 베 사   엑 사 멘   루 네스

(2) n, s이외의 자음으로 끝나는 단어는 액센트가 최후의 철음에 있다.
  보기 — es-pa-ñol(스페인어), a-rroz(쌀), U-ru-guay(우루구아이)
       에스 빠 놀   아 ㄹ로스   우 루 **구아이**

(3) 그 밖의 철음에 액센트가 있을 경우에는 부호 " ´ "을 붙인다.
  보기 — ca-fé(커피), le-ón(사자), lá-piz(연필), ár-bol(나무)
       까 **페**   레 온   **라** 삐스   **아**르 볼

[주의] 의미가 틀리기 때문에 액센트 부호를 붙이는 수가 있다.
  보기 — si(만약), sí(예); se(자신), sé(나는 안다)

인토네이션에 관해서는, 단어와 단어의 연음(連音) 및 문장 전체의 고저(高低)에 관해서 생각해 볼 필요가 있다. 단어와 단어의 연음에 대해서는, 자음과 모음이 계속될 때는 떼지 않고 읽는다. en el이라 자르지 않고, **en-el** 정도로 하여
엔 엘　　　　　　　　　　　엔-엘

enel이라고 한 당어로 하지 말 것. 문장에서 뜻이 계속될 때는 잘린 곳의 당어를
에넬

올려 놓고서, 의미가 모두 끝나든가 일단 끝날 때는 내린다. 의문문(疑問文)의 말꼬리는, 의문사(疑問詞)로 시작된 경우라면 올릴 필요가 없고 의문사가 없는 문장일 때 올리는 것이지만, 의문사가 있는 문장의 말고리는 올린대서 나쁠 것 없다.

8. ll의 발음에 대해서

ll에는 3가지 발음이 있다.

① 표준어로서, 카스티아어로서는 엘레로 기호 [ʎ]로 표시되지만, [éіje]로 하면 알기 쉽다. 이 음으로 물론 스페인어를 쓰는 어느나라 전체에 통용되는 터이지만, 중남미의 인구는 1억을 넘고, 또 그 사람들이 거의 별개의 발음을 하고 있는 터이므로 그것도 기억해 둘 필요가 있다.

② 에제[éʒe]로서, 주로 아르헨티나에서 쓰인다. 다만 이 에제도 전혀 별개의 음이라 생각되지 않고, 발음기관의 위치는 엘레를 발음하는 것과 같으므로, 엘레를 발음하는 기분으로 탁음(濁音)으로 하면 된다. 처음부터 에제라 할 생각으로 거센음을 안내는 것이 좋다.

③ 에예[éje]로서, 칠레, 페루, 멕시코 등지에서 이 음을 쓴다.

이 세가지 중에서 엘레가 가장 노력이 드는 음이지만, 표준음이니까 기억해 두어야 한다. (이 책에서는 「에예」로 표기해 놓았다).

9. 우리말에도 영어에도 없는 음

발음기호 [x]로 표시되는 ㅎ행음(j, g) 및 [ʀ]로 표시되는 ㄹ행음 [rr]만이 우리말에도 영어에도 없는 음으로, 이 두 음만 할 수 있으면 영어를 알고 있는 사람은 스페인어 발음을 모두 할 수 있게 된다. 그러나 전혀 없다고 할 수는 없는 것으로, 영어에도 [x]음이 옛날에는 있었던 것 같고, [ʀ]는 very 따위를 거세게 말음하면 자연 많이 진동하는 rr로 되어 실제는 [ʀ]에 가까운 음으로 된다.

보기 — [x] Japón(일본), Jorge(죠지), jardín(뜰), jefe(수령 = 首領)
　　　　　　　하뽄　　　　호르헤　　　　하르딘　　　헤뻬

　　　　　[R] carro(차), perro(개), cerro(언덕), río(강)
　　　　　　까ᄅ로　　　뻬ᄅ로　　세ᄅ로　　ᄅ리오

10. 중남미 (中南美)의 발음

　스페인 본국의 발음과 중남미제국과의 발음의 차이는, 본국에서는 c, z를 영어의 th[θ]로 발음하는데 대해, 중남미제국에서는 그냥 s[s]로 해버린다. 우리로 봐서도 th[θ]보다는 s[s]쪽이 발음하기 쉬우니까 중남미쪽 발음이 편하다.

　이밖에 스페인과 중남미외의 발음상의 차이는, 대개 중남미쪽 발음은 완만하다. 왜냐하면 모음을 발음하는 것이 스페인쪽보다 길고 따라서 전체적인 말의 내용이 느리게 들린다.

　중남미의 스페인어는, [θ]를 [s]로 하는 것 외는 표준 스페인어를 써서 좋은 것이며, 또 ll에 대해서도, 엘레[élje]라는 발음이 상당히 쓰이는 터이므로, 중남미라해서 에제나 에예로 하지 않으면 안된다는 그런 법은 없다. [θ]→[s] 이외에는 중남미라는 걸 특별히 의식할 필요가 없는 것이다.